RÉSUMÉ

DE

GÉOGRAPHIE MODERNE.

RÉSUMÉ

DE

GÉOGRAPHIE

MODERNE,

RENFERMANT LES NOTIONS LES PLUS ÉLÉMENTAIRES ET LES
PLUS UTILES ;

*Tiré principalement du grand Atlas de Lesage
(comte de Las-Cases),*

RÉDIGÉ POUR LES ÉCOLES PRIMAIRES.

Par HERMANT-LE SAINT,

INSTITUTEUR DU PREMIER DEGRÉ, MEMBRE CORRESPONDANT DE
LA SOCIÉTÉ D'AGRICULTURE, COMMERCE, SCIENCES
ET ARTS DU DÉPARTEMENT DE LA MARNE.

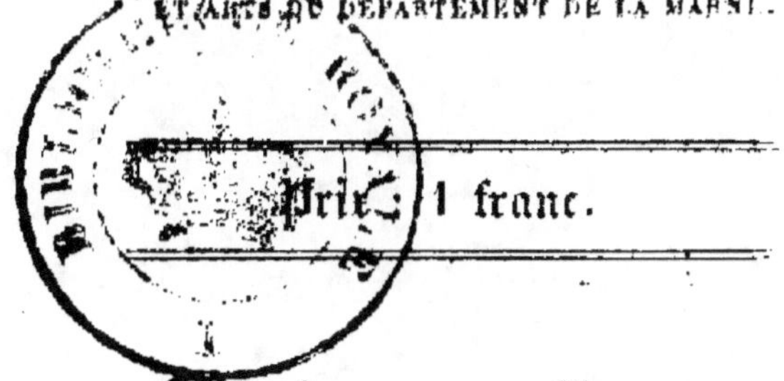

Prix : 1 franc.

Châlons-sur-Marne,

BONIEZ-LAMBERT, IMPRIMEUR-LIBRAIRE,

Rue d'Orfeuil, n°s 14 et 16.

1837.

PRÉFACE.

En publiant ce résumé, qui est le fruit de
mes recherches, j'ai eu bien moins en vue mon
intérêt particulier que le désir d'être utile à
la classe des instituteurs; je sais par expérience
que nous manquons de livres vraiment élémentaires, et quoique reconnaissant toute la diffi-
culté d'en composer de bons, j'ai pensé, qu'en
mettant en ordre les matières qui m'avaient paru
à la portée des écoliers, puisque j'étais parvenu

*

a obtenir des résultats satisfaisants, ce serait concourir à rendre l'enseignement de la géographie plus fructueux ; j'ai d'ailleurs cédé aux conseils de quelques personnes éclairées qui, après avoir examiné mon travail, m'ont engagé à le livrer au public.

J'ose espérer qu'il sera favorablement accueilli et je désire surtout que l'on considère l'intention, bien persuadé que si l'on s'attachait simplement au mérite du livre, la critique y trouverait à dire. Je m'estimerai donc heureux si j'ai pu être de quelque utilité ; et les suffrages que j'ai recueillis sont déjà un dédommagement de mes travaux.

MM. les Membres de la Société d'agriculture, commerce, sciences et arts du département de la Marne, ont bien voulu encourager mes faibles efforts. C'est à eux, c'est à la bienveillante protection qu'ils m'ont si généreusement accordée que je suis redevable des succès que j'ai obtenus (1); qu'ils veuillent bien agréer ici l'expression de ma vive reconnais—

---

(1) *Extrait du Compte rendu des travaux de la Société d'Agriculture, Commerce, Sciences et Arts du département de la Marne (2), par M. JOPPÉ, secrétaire.*

M. HERMANT, instituteur à Sompuis, qui déjà a soumis à votre examen plusieurs traités sur l'agriculture, sur la musique, sur le nouveau système des poids et mesures, vous a offert cette année deux nouveaux ouvrages, dont le premier est intitulé : *Résumé de géographie moderne, tiré principalement du grand Atlas de Lesage, rédigé pour une école primaire ;* le deuxième : *Traité élementaire d'éducation.*

Vous savez, Messieurs, quel est le zéle de M. HERMANT pour l'instruction de la jeunesse. Voué aux fonctions pénibles de l'enseignement, il s'y est consacré tout entier. Les différentes branches de l'instruction primaire ont été successivement pour lui l'objet d'une étude spéciale. Si M. HERMANT n'a pas tou—ours fait mieux que ceux qui l'avaient précédé, il a montré constamment beaucoup d'instruction et d'intelligence. Son ré—

---

(2) Voir le compte rendu publié par la Société, année 1835, et l'annuaire de la Marne, année 1836, page 272.

sance et en même temps l'assurance de mes sentiments respectueux.

---

sumé de géographie vous a paru un travail bien fait. Il renferme les notions les plus élémentaires et les plus utiles. Vous avez surtout des éloges à donner au tableau statistique, administratif et commercial de la France, qui est rédigé avec ordre, netteté et exactitude.

Son traité de morale annonce un homme sage, religieux. Il y parle de l'éducation, des règles de conduite, des vertus de société, des vices, etc. Il l'a rédigé dans l'intention de former l'esprit et le cœur des enfants. Car, comme il le dit fort bien : « *Les leçons données au premier âge, sont les germes de toutes les connaissances qui se développent dans le cours de la vie.* » Peut-être auriez-vous désiré qu'il mît dans ce dernier ouvrage un peu plus d'ordre et d'enchaînement, mais vous ne pouvez qu'applaudir aux excellents principes qui y sont développés.

ÉLÉMENTS QUI COMPOSENT NOTRE ÉDIFICE CONSTITUTIONNEL.

COMPOSITION DES DIVERS POUVOIRS, LEUR SÉPARATION, DIRECTION ET LEURS RAPPORTS MUTUELS.

LE ROI,

Chef suprême héréditaire de l'État ; chef conservatrice de tout l'édifice social ; principe de toutes les lois, source de toutes les grâces, fontaine de tous les honneurs ; inviolable, sacré, hors de toutes les juridictions. Le Roi nomme à toutes les places militaires, civiles et judiciaires. La justice se rend en son nom, il peut remettre même la peine de mort ; il fait la paix et la guerre, les traités, etc., etc.

LE MINISTÈRE

Se compose de membres nommés par le roi qui les change à volonté, et qui se partagent toutes les branches du travail qu'ils doivent diriger dans une intention commune : le ministère exerce et dirige, sous sa responsabilité, toutes les fonctions du gouvernement, conseille le souverain, et valide seul ses actes. Il peut y avoir plus ou moins de ministres. Il en existe huit aujourd'hui : ceux de la Justice et des cultes ; des Affaires étrangères ; de la Guerre ; de la Marine et des Colonies ; de l'Intérieur ; des Travaux publics, de l'Agriculture et du Commerce ; de l'Instruction publique : des Finances.

CONSEIL D'ÉTAT. — Composé de membres amovibles : prépare sous la direction des ministres les projets de loi ; prononce en dernier ressort sur la justice administrative.

BRANCHE LÉGISLATIVE, qui discute et adopte.		BRANCHE EXÉCUTIVE, qui administre et conserve.		BRANCHE JUDICIAIRE, qui écoute et prononce.	
CHAMBRE VIAGÈRE OU DES PAIRS.	CHAMBRE ÉLECTIVE OU DES DÉPUTÉS.	RAMEAU ADMINISTRATIF, ORDRE ET REPOS AU DEDANS.	RAMEAU MILITAIRE, FORCE ET SÛRETÉ AU DEHORS, ARMÉE DE TERRE ET DE MER.	COUR DE CASSATION.	COUR DES COMPTES.

CHAMBRE VIAGÈRE OU DES PAIRS.

Éléments aristocratiques de la constitution, elle compose avec le roi et la chambre des députés les trois pouvoirs de la souveraineté législative, reçoit les projets de loi envoyés par le roi, ou venus de la chambre des députés, ou proposés chez elle-même, les discute, les modifie, les amende, les accepte ou refuse ; forme au besoin une cour suprême pour juger les ministres sur l'accusation de la chambre des députés, les crimes de haute trahison dénoncés par la couronne, et enfin ses propres membres qui ne sont pas justiciables des tribunaux ordinaires. Les pairs sont nommés par le roi, à sa volonté, en tel nombre qu'il lui plaît : mais à vie et pris forcément dans des catégories désignés par la loi.

La chambre des pairs forme et compose l'aristocratie légale dont la création a pour but de maintenir l'équilibre entre le roi et le peuple, empêchant d'empiéter l'un sur l'autre.

CHAMBRE ÉLECTIVE OU DES DÉPUTÉS.

Éléments démocratiques de la constitution, elle compose avec le roi et les pairs les trois branches de la souveraineté législative ; reçoit les projets de loi venus du trône ou des pairs, ou proposés chez elle-même, les discute, modifie, amende, adopte ou refuse, accuse les ministres ; ses membres arrivent par élection.

Il y a 459 députés.

La chambre des députés ou représentants de la nation compose la partie démocratique de la constitution et se trouve spécialement chargée de la défense des droits du peuple.

MAXIMES LÉGISLATIVES FONDAMENTALES.

Aucune loi n'a lieu sans la discussion des chambres et la sanction du prince.

Aucune taxe ni imposition ne peuvent avoir lieu sans le consentement des deux chambres, qui ne les votent jamais que pour une année.

Le roi convoque les chambres, les proroge, dissout celle des députés.

Chacun a le droit d'adresser des pétitions et ses griefs aux chambres.

RAMEAU ADMINISTRATIF — PRÉFETS.

Administrent les départements, y sont les désignés de tous les ministres et les chefs de tous les agents : y inspectent tout, surveillent tout, ordonnent tout, et répondent de tout : président un conseil de préfecture à l'aide duquel ils rendent la justice administrative avec recours au Ministre de l'Intérieur, et en dernier ressort au Conseil d'État : répartissent aux sous-préfectures leur quote-part de l'impôt, à l'aide du Conseil général composé de notables élus du département ; décident avec lui de l'emploi des fonds facultatifs, et lui rendent un compte annuel.

SOUS-PRÉFETS.

Administrent sous les ordres immédiats des préfets, les arrondissements, et rendent au Conseil d'arrondissement un compte annuel.

MAIRES.

Administrent les communes et leurs biens, gardent les registres de l'état civil ; inscrivent les naissances, les décès, font les mariages.

RAMEAU MILITAIRE.

L'armée et la flotte composent la force régulière de l'État. Les maréchaux et les amiraux sont les sommités de la hiérarchie militaire.

Brest, Toulon et Rochefort sont les trois grands arsenaux maritimes, et le principal rassemblement du personnel de la flotte.

L'armée se recrute par des engagements volontaires ou par le sort auquel tous les citoyens demeurent soumis, parce que chacun se doit également à la défense de la patrie. La flotte se compose de tous ceux qui professent la navigation et qui demeurent classés pour servir au besoin sur les bâtiments de l'État.

La révolution de 1830 a adjoint à l'armée régulière la garde nationale, armée intérieure ou de conservation, qui est la nation toute entière en armes. On l'évalue au-delà de trois millions d'hommes.

Les militaires restent en dehors des tribunaux ordinaires et sont soumis à une juridiction spéciale, sous le nom de Conseil de guerre.

COUR DE CASSATION.

Cour régulatrice : chargée de maintenir partout l'observation des formes et l'unité de législation ; dans l'application des lois, elle jouit d'une autorité disciplinaire sur les magistrats, reçoit le pourvoi contre les jugements des cours souveraines, et prononce non sur le fond, qu'elle ne peut examiner, mais sur la violation des formes ou sur l'application vicieuse de la loi ; et dans ce cas annule le jugement porté, et renvoie la cause à un autre tribunal de son choix.

COURS ROYALES.

Jugent en dernier ressort les affaires civiles montées jusqu'à elles, et aussi, mais par commutation, les criminelles ; car des membres tirés de son sein, composent ou président les assises dans lesquelles, par l'organe du jury, on prononce sur les crimes. Il y a 26 cours royales.

TRIBUNAUX DE PREMIÈRE INSTANCE.

Jugent toutes les causes civiles, avec recours aux cours royales, et en police correctionnelle les délits. Autant de tribunaux que d'arrondissements.

JUGES DE PAIX.

Devant qui sont portées en conciliation les causes civiles ; ils jugent en dernier ressort celles qui n'excèdent pas 50 francs ; en simple police les contraventions ; au par conciliation.

TRIBUNAUX DE COMMERCE.

Chargés des causes commerciales parallèles dans leur rang et leurs fonctions aux tribunaux de première instance, relèvent comme eux des cours royales.

PRUD'HOMMES.

Arbitres conciliateurs, analogues aux juges de paix, et en quelque sorte leur pendant, étant aux affaires commerciales ce qu'ils jugent ce que les juges de paix sont aux causes civiles.

TABLEAU STATISTIQUE, ADMINISTRATIF ET COMMERCIAL DE LA FRANCE.

RÉSUMÉ

DE

GÉOGRAPHIE MODERNE.

Qu'est-ce que la Géographie?

La Géographie est la description de la terre.

Quelle est la forme de la terre?

La terre est ronde : elle a la forme d'un globe ou d'une boule immense.

De quoi est-elle couverte en partie?

L'eau couvre une partie de sa surface.

Qu'est-ce que les points cardinaux?

Pour déterminer la position des différentes parties de la terre, on a imaginé quatre points qu'on appelle *points cardinaux* ; ce sont le levant ou *l'est*, le couchant ou *l'ouest*, le nord ou *septentrion*, le midi ou *sud*.

Qu'est-ce que le levant?

Le levant, qui s'appelle aussi *est* ou *orient*, est le point où le soleil se lève.

Qu'est-ce que le couchant ou l'ouest?

Le couchant, *ouest* ou *occident*, est le point où le soleil se couche ; il est opposé au levant.

Qu'est-ce que le nord ?

Le nord ou septentrion est le point qu'on a devant soi quand on a le levant à sa droite et le couchant à sa gauche.

Qu'est-ce que le midi ?

Le midi est le point opposé au nord.

Où place-t-on ces points sur la carte ?

Sur les cartes ordinaires le levant est à droite, le couchant à gauche, le nord en haut, et le midi en bas.

Qu'est-ce que le nord-est, le nord-ouest, le sud-est et le sud-ouest ?

On suppose quatre points placés entre les points cardinaux ; ce sont : le nord-est, entre le nord et l'est ; le nord-ouest, entre le nord et l'ouest ; le sud-est, entre le sud et l'est ; et le sud-ouest, entre le sud et l'ouest.

Parties du monde et continents.

Comment divise-t-on la terre ?

La terre se divise en cinq parties, qui sont : l'Europe, l'Asie, l'Afrique, l'Amérique et l'Océanie. On les appelle les cinq parties du monde.

Qu'est-ce qu'un continent ?

On appelle continent une vaste étendue de terre qu'on peut visiter successivement sans traverser de mers.

Combien y a-t il de continents ?

Il y a deux continents. L'Europe, l'Asie et l'Afrique forment l'ancien continent. L'Amérique, qui forme le nouveau , a été découverte par *Christophe Colomb*, en 1492.

Mers.

Qu'est-ce que l'Océan ou la Mer ?

On donne le nom d'Océan ou de Mer à la vaste étendue d'eau salée qui couvre la plus grande partie du globe.

Qu'appelle-t-on encore mer ?

On appelle encore mers diverses parties de l'Océan auxquelles on donne des noms particuliers.

En combien de parties divise-t-on l'Océan ?

On divise l'Océan en quatre parties principales ; l'Océan-Atlantique, qui baigne l'Europe, l'Afrique et l'Amérique ; le Grand-Océan, qui baigne l'Amérique, l'Afrique, l'Asie et l'Océanie ; l'Océan glacial du nord, qui baigne le nord de l'Europe, de l'Asie et de l'Amérique, et l'Océan glacial du sud dans lequel on ne connaît aucune terre.

L'Océan glacial du nord et celui du sud s'appellent aussi *Mers glaciales.*

Le Grand-Océan se divise en mer Pacifique et mer des Indes.

———

EUROPE.

Quelle est l'étendue de l'Europe ?

L'Europe, terre de la civilisation, renferme 500,000 lieues carrées. Elle est seize fois plus grande que la France, et environ le quatorzième des terres du globe. Elle est située entre le 12me degré 20 minutes de longitude ouest, et le 65^e

degré 4o minutes de longitude est, et entre les 36°
et 72° degrés de latitude nord. Elle est bornée au
N. par la Mer glaciale; à l'E. par les monts Ourals qui la séparent de l'Asie; au S. par la mer
Méditerranée, et à l'O. par l'Océan-Atlantique qui
la sépare de l'Amérique. Elle a 1250 lieues dans
sa plus grande longueur, depuis le golfe de Kara
au N.-E. jusqu'au cap Saint-Vincent à l'O. et
875 dans sa plus grande largeur, du cap nord,
au N. de la Suède, jusqu'au cap Matapan au S. de
la Morée.

L'Europe se trouve à-peu-près en entier dans
la zone tempérée, et est généralement à l'abri des
extrêmes du chaud et du froid qu'on ressent dans
les autres parties du monde; elle est entrecoupée
par des mers intérieures et arrosée par un grand
nombre de fleuves et de rivières qui adoucissent
partout le climat, et entretiennent une humidité
utile à la végétation.

Quelle est la population de l'Europe?

L'Europe est peuplée de deux cent trente millions d'habitants, race blanche, supérieure par
son intelligence à toutes les autres races du globe.

Comment se divise l'Europe?

L'Europe compte des sociétés politiques qui
diffèrent dans leurs noms, leurs langues, leurs
religions, leurs populations, leur importance et
la nature de leurs gouvernements.

Ces sociétés, ou peuples, se partagent inégale-
ment le territoire.

La famille européenne se compose de trois
empereurs, de seize rois, de deux confédéra-
tions, d'un pape, que les liens religieux font re-

garder comme le père commun, de plusieurs grands ducs et autres princes, et de quelques villes libres. En tout vingt-deux états, dont quatre au nord, quatre à l'ouest, trois au milieu, deux à l'orient, et neuf au midi.

Les quatre États du Nord.

Quel est le nom, l'étendue et la population comparées à la France, la capitale, le culte religieux, la doctrine politique et le prince régnant de chaque état du nord ?

1° *La Suède et la Norwège :* un tiers de plus que la France en étendue, et le huitième de sa population. Capitales : Stockholm et Christiania ; religion, protestante ; régime constitutionnel sous *Charles-Jean*, famille Bernadotte, le premier de sa dynastie, simple lieutenant de Napoléon, choisi par la nation Suédoise après l'expulsion de Gustave IV.

2° *La Russie :* dix fois l'étendue de la France, en Europe seulement, et un peu plus de sa population. Capitale, Pétersbourg ; religion grecque ; régime absolu sous Nicolas Ier, qui a le titre d'autocrate de toutes les Russies.

3° *Le Danemark :* moins d'un neuvième de la France en étendue, près d'un seizième de sa population. Capitale, Copenhague ; religion protestante ; régime légalement absolu sous Frédéric VI.

4° *La Prusse :* moitié de la France et le tiers de sa population. Capitale, Berlin ; religion réformée ; régime absolu sous Frédéric-Guillaume III.

Les quatre États de l'Ouest.

Quel est le nom, l'étendue et la population comparées à la France, la capitale, le culte religieux, la doctrine politique et le prince régnant de chaque état de l'ouest ?

1° *L'Angleterre :* trois cinquièmes de la France, deux tiers de sa population. Capitale, Londres ; religion protestante ; régime constitutionnel sous Alexandrine-Victoire Ire.

2° *Hollande :* le dix-neuvième environ de la France et le quatorzième de sa population. Capitale, Amsterdam ; religion réformée ; régime constitutionnel sous Guillaume Ier. Résidence du roi, La Haye.

3° *Belgique :* le quinzième de la France et le huitième de sa population. Capitale, Bruxelles ; religion catholique ; régime constitutionnel sous Léopold Ier, roi en 1831.

4° *La France :* 30,000 lieues carrées, 33,540,910 habitants. Capitale, Paris ; religion, pleine liberté des cultes ; régime constitutionnel sous Louis-Philippe Ier (d'Orléans), roi par la révolution de 1830.

Les trois États du milieu.

Quel est le nom, l'étendue, la population, etc., de chaque état du milieu ?

1° *La Confédération Germanique :* même étendue et population que la France. Elle se compose de trente-neuf états souverains joints par un lien fédéral, et soumis à de certaines lois qui émanent de la Diète germanique, ou réunion des envoyés respectifs, siégeant à Francfort-sur-le-Mein. L'Autriche et la Prusse y entrent chacune pour une portion de leur territoire.

La Bavière : 4,000,000 d'habitants. Capitale, Munich ; religion catholique ; régime constitutionnel. Erigée en royaume par Napoléon. Louis Ier, régnant.

La Saxe : 1,500,000 habitants. Capitale, Dresde ; religion protestante ; régime constitutionnel. Erigée en royaume par Napoléon. Frédéric-Auguste, roi.

Le Hanovre : 1,500,000 habitants. Capitale, Hanovre ; religion protestante ; régime constitutionnel. Royaume en 1815, détaché de l'Angleterre. Le roi régnant est Ernest-Auguste.

Le Wurtemberg : 1,500,000 habitants. Capitale, Stutgard ; religion protestante ; régime constitutionnel. Erigé en royaume par Napoléon ; le roi régnant est Guillaume de Wurtemberg.

Les autres confédérés, réunissant environ 5,500,000 habitants, sont :

CONFÉDÉRÉS.	CAPITALES.
Le grand duc de Bade......	*Carlsruhe.*
L'électeur de Hesse-Cassel..	*Cassel.*
Le grand duc de Hesse-Darmstadt...............	*Darmstadt.*
Le roi de Danemarck pour le Holstein...........	{ *Keil.* *Lauenbourg.*
Le roi des Pays-Bas, pour le Luxembourg........	*Luxembourg.*
Le duc de Brunswick......	*Brunswick.*

Le grand duc de Mecklem-
bourg-Schwérin..... Schwérin.
Le grand duc de Mecklem-
bourg-Strélitz .... Strélitz.
Le grand duc de Nassau.... Wiesbaden.
Les cinq grands de Saxe ,
    1° Weymar.......... Weymar.
    2° Gotha-Altenbourg . Altenbourg.
    3° Meinengen .... Meinengen.
    4° Hildbourghausen.. Hilbourghausen.
    5° Gotha-Cobourg ... Cobourg.
Le grand duc d'Oldenbourg. Oldenbourg.
Les trois ducs d'Anhalt ;
    1° Dessau.......... Dessau.
    2° Bernbourg .... Bernbourg.
    3° Kœthen .... Kœthen.

Deux ducs de Schwartzbourg. { Sondershausen.
    { Rudolstat.

Deux Hogenzollern .... { Héchingen.
    { Simaringen.

Lichtenstein .... Lichtenstein.
Waldeck .... Corback.
Reuss ainée .... Greitz.
Reuss cadette.......... Lobenstein.
Lippe-Detmold.......... Detmold.
Lippe-Schauenbourg...... Buckbourg.
Hesse-Hombourg........ Hombourg.

Les quatre villes libres de Lubeck, Francfort sur-le-Mein, Brême et Hambourg.

2.° *La Confédération Suisse*, environ 2,000.000 d'habitants, se compose de vingt-quatre cantons souverains unis par un lien fédéral, et soumis à la suprématie d'une diète centrale formée des envoyés respectifs siégeant alternativement à Zurich, Berne et Lucerne.

Voici l'ordre des cantons :

Zurich, Berne, Lucerne, Altorf, Schwitz, Stanz, Glaris, Zug, Fribourg, Soleure, Bâle, Schaffouse, Appenzell, Saint-Gall, Coire, Arau, Fraunfeld, Bellinzonne, Lauzane, Sion, Neufchâtel, Genève, Bâle et Schwitz, campagnes ; les deux derniers détachés de Bâle et de Schwitz, admis en 1833.

Plus de la moitié des habitants de la Suisse sont protestants et le reste catholique.

3.° *L'Autriche :* un sixième de plus en étendue que la France, même population. Capitale . Vienne ; religion catholique ; régime absolu sous Ferdinand Iᵉʳ, qui a le titre de Majesté apostolique.

Les deux États d'Orient.

Quel est le nom, l'étendue et la population comparées à la France, la capitale, le culte religieux, la doctrine politique et le prince régnant de chaque état de l'Orient ?

1° *La Turquie d'Europe seulement ;* un cinquième d'étendue moins que la France et le quart de sa population. Capitale, Constantinople ; religion mahométane ; régime absolu sous Mahmoud II , qui a le titre de *Hautesse* , ou grand seigneur de la Sublime-Porte.

2° *Le royaume de Grèce* , le dixième de la France en étendue ; un trente-deuxième de sa population. Capitale, Athènes ; religion grecque ; régime constitutionnel sous Othon Ier de Bavière, roi en 1831.

Les neuf États du Midi.

Quel est le nom , l'étendue et la population comparées à la France , la capitale, le culte religieux , la doctrine politique et le prince régnant de chaque état du midi ?

1° *Le Portugal* , le cinquième de la France et le dixième de sa population. Capitale , Lisbonne ; religion catholique ; régime constitutionnel sous dona Maria II, de la maison de Bragance, issue de Hugues Capet.

2° *L'Espagne* , cinq sixièmes d'étendue de la France , le tiers de sa population. Capitale, Madrid ; religion catholique ; régime constitutionnel sous dona Isabelle II , maison de Bourbon , en Espagne depuis 1700.

La Péninsule italique , dont la partie septentrionale est possédée par l'Autriche , se subdivise en plusieurs états , qui suivent.

3° *Le Piémont et la Sardaigne* , le huitième de la France , le huitième de sa population. Capitale, Turin ; religion catholique ; régime absolu sous Charles Albert de Savoie.

4.° *Parme et Plaisance* : capitales du même nom ; religion catholique ; régime absolu sous Marie-Louise , veuve de Napoléon.

5. *Modène*. Religion catholique ; régime absolu ; sous un prince de la maison d'Autriche, François IV.

6° *Lucques*. Religion catholique ; régime absolu sous un Bourbon d'Espagne.

7° *Toscane*, un quinzième de la France, un vingt-cinquième de sa population. Capitale, Florence ; religion catholique ; régime absolu sous un prince de la maison d'Autriche, Léopold II.

8° Les *États Romains*, un dixième de la France, un treizième de sa population. Capitale, Rome ; religion catholique ; régime absolu sous le Pape Grégoire XVI, qui a le titre de Sa Sainteté.

9° *Naples et Sicile*, le cinquième de la France en étendue et en population. Capitales, Naples et Palerme ; religion catholique ; régime absolu sous Ferdinand II.

Mers.

Par combien de mers l'Europe est-elle baignée ?

L'Europe est baignée par quinze mers dont trois grandes et douze petites.

Les trois grandes sont l'Océan glacial au nord, l'Océan Atlantique à l'ouest et la mer Méditerranée au sud.

Les douze petites sont : la mer Blanche, formée par la mer Glaciale ; la mer Baltique, la mer du nord ou d'Allemagne ; la Manche, et la mer d'Irlande, formées par l'Océan-Atlantique ; la mer Adriatique, la mer Ionienne, l'Archipel, la mer de Marmara, la mer Noire et la mer d'Azof, formée par la mer Méditerranée, et la mer Caspienne qui ne communique à aucune autre mer.

Détroits.

Qu'est-ce qu'un détroit ?

Un détroit est une partie de mer resserrée entre deux terres. Les détroits servent de communication entre deux portions de mer.

Combien y a-t-il de détroits principaux en Europe ?

Il y a en Europe douze détroits principaux, dont six au nord et six au sud.

Les six au nord sont : le détroit Waigatz au N. de la Russie ; le Sund, le grand Belt et le petit Belt entre la mer Baltique et la mer du Nord. Le Pas-de-Calais, entre l'Angleterre et la France, et le canal Saint-Georges entre l'Angleterre et l'Irlande.

Les six au sud sont : le détroit de Gibraltar, entre l'Espagne et l'Afrique ; on y passe de l'Océan-Atlantique à la mer Méditerranée ; le détroit de Bonifacio, entre la Corse et la Sardaigne ; le détroit ou phare de Messine, au sud de l'Italie ; le détroit des Dardanelles ou de Gallipoli, entre la Turquie d'Europe et la Turquie d'Asie ; le détroit de Constantinople, entre la mer de Marmara et la mer Noire, et le détroit de Caffa, entre la mer Noire et la mer d'Azof.

Golfes.

Qu'est-ce qu'un golfe ?

Un golfe ou une baie est une partie de la mer qui s'avance dans la terre. On donne ordinairement le nom de baie aux petits golfes.

Quels sont les principaux golfes de l'Europe?

Les golfes les plus remarquables de l'Europe sont : les golfes de Bothnie, de Finlande et de Riga dans la mer Baltique ; le golfe de Gascogne dans l'Océan-Atlantique ; les golfes de Lyon, de Gênes dans la mer Méditerranée ; le golfe de Tarente dans la mer Ionienne.

Iles.

Qu'est-ce qu'une île ?

Une île est un espace de terre entouré d'eau de tous côtés.

On appelle *groupe d'îles* plusieurs îles rapprochées les unes des autres.

Combien y a-t-il d'îles principales en Europe ?

Il y a en Europe soixante-trois îles ou groupes principaux, savoir :

7 dans la mer Glaciale, qui sont : le Spitzberg, l'île de Cherry, la Nouvelle-Zemble, l'île de Waigatz, l'île de Kalgouef, les îles de Lofoden, et l'île de Jean Mayen ;

14 dans l'Océan, dont trois grandes, qui sont : l'Islande, la Grande-Bretagne et l'Irlande, et onze petites qui sont : les îles Feroce, les Schetland, les Orcades, les Hébrides, Ouessant, Groix, Belle-Ile, Noirmoutier, l'île-Dieu, l'île de Ré et l'île d'Oléron ;

10 dans la mer Méditerranée, dont trois grandes qui sont : la Corse, la Sardaigne et la Sicile ; sept petites qui sont : l'île de Formen-

téra, Ivica, Majorque, Minorque, l'île d'Elbe, les îles de Lipari et l'île de Malte ;

11 dans la mer Baltique, qui sont : Aland, Dago, OEsel, Gothland, Oland, Bornholm, Rugen, Falster, Laland, Séeland et Fionie ;

3 dans la mer du Nord : Sylt, Helgoland et le Texel ;

3 dans la Manche : Witght, Guernesey et Jersey ;

2 dans la mer d'Irlande : Man et Anglesey ;

1 groupe dans la mer Adriatique : ce sont les îles Illyriennes ;

6 dans la mer Ionienne : Corfou, Paxo, Sainte-Maure, Théaki, Céphalonie et Zante ;

6 dans l'Archipel : Lemnos, Skiros, Négrepont, les Cyclades, Cérigo et Candie.

Presqu'îles.

Qu'est-ce qu'une presqu'île ?

On appelle presqu'île ou péninsule, un espace de terre presqu'entouré d'eau et qui ne tient au continent que d'un seul côté.

Combien y a-t-il de presqu'îles principales en Europe ?

Il y a en Europe six presqu'îles principales, dont trois grandes et trois petites ; les trois grandes sont : la Suède avec la Laponie Russe, l'Espagne avec le Portugal, et l'Italie ;

Les trois petites sont : le Jutland en Danemarck, la Morée en Grèce, et la Crimée en Russie.

Isthmes.

Qu'est-ce qu'un isthme?

Un isthme est une partie de terre très-étroite, resserrée entre deux mers.

Combien compte-t-on d'isthmes principaux en Europe?

On compte en Europe deux isthmes principaux ; l'isthme de Corinthe, qui joint la Morée au continent, et l'isthme de Pérécop, qui joint la Crimée à la Russie.

Caps.

Qu'est-ce qu'un cap?

Un cap ou promontoire est une pointe de terre qui s'avance dans la mer ; le promontoire diffère ordinairement du cap en ce qu'il est moins élevé.

Combien y a-t-il de caps principaux en Europe?

Les caps principaux de l'Europe sont : le cap Nord au nord de la Suède, le cap de la Hogue au N.-O. de la France, le cap Finistère à l'O de l'Espagne, le cap Saint-Vincent au S.-O. du Portugal, le cap Corse au N. de la Corse, le cap Passaro au S. de la Sicile, et le cap Matapan au S. de la Morée.

Montagnes.

Qu'est-ce qu'une montagne?

Une montagne est une grande élévation de terre.

Qu'est-ce qu'une chaîne de montagnes ?

Une chaîne de montagnes est la réunion d'un grand nombre de montagnes qui occupent une longue étendue.

Combien y a-t-il de chaînes principales en Europe ?

On compte en Europe dix-huit chaînes principales, dont neuf grandes et neuf petites.

Les neuf grandes sont : les Dofrines ou Scandinaves entre la Suède et la Norwège ; les monts Ouraliens, entre l'Europe et l'Asie ; le Caucase, entre la mer Noire et la mer Caspienne ; les monts Balkans en Turquie ; les monts Krapacks, dans l'empire d'Autriche ; les Alpes entre l'Italie, la France et la Suisse ; les Apennins, qui traversent l'Italie du N.-O. au S.-E ; les Pyrénées, entre la France et l'Espagne, et les monts Ibériens en Espagne.

Les neuf petites sont : les Vosges, les Cévennes et les monts d'Auvergne en France ; le Jura entre la France et la Suisse ; les monts Cantabres, la Sierra-d'Estrella, la Sierra-d'Ossa, la Sierra-Moréna et la Sierra-Nevada en Espagne.

Volcans.

Qu'est-ce qu'un volcan ?

Un volcan est une montagne qui lance par une large ouverture, nommée cratère, des tourbillons de flammes, de fumée et de matières fondues.

Les trois principaux volcans d'Europe sont le mont Hekla en Islande ; le mont Vésuve près de Naples en Italie, et le mont Etna en Sicile.

Lacs.

Qu'est-ce qu'un lac ?

Un lac est un grand amas d'eau retenu dans les terres.

Combien y a-t-il de lacs principaux en Europe

Il y a en Europe vingt-trois lacs remarquables, dont neuf dans les contrées du Nord , sept dans les états du milieu , et six dans les états du midi , un dans les états d'Orient ;

Les neuf dans les états du Nord , sont : les lacs Wéner , Wetter , Mélar en Suède ; Saima , Ladoga , Onéga , Peypus , Ilmen et Pajana en Russie ;

Les sept dans les états du milieu sont : les lacs de Neufchâtel , de Genève , de Lucerne , de Zurich en Suisse ; de Constance entre la Suisse et l'Allemagne ; de Neusiedler et de Balaton dans l'empire d'Autriche ;

Les six dans les états du Midi sont les lacs Majeur , de Côme , de Garda , de Perouse , de Bolséna et de Célano en Italie ;

Un dans les états d'Orient , qui est le lac de Zante.

Fleuves.

Qu'est-ce qu'un fleuve ?

Un fleuve est un cours d'eau qui se jette dans la mer.

Qu'est-ce que la source et l'embouchure d'un fleuve?

On appelle source le lieu où le fleuve commence, et embouchure le lieu où il entre dans la mer.

Voici les noms des principaux fleuves de l'Europe ?

La Tornéa (en Suède) au N., sépare cet état de la Russie, prend sa source en Laponie, passe à Tornéa et se jette au N. de la mer Baltique.

La Dwina, au N., passe à Archangel et se jette dans la mer Blanche.

Le Dniester, au S., prend sa source au mont Krapack, passe à Bender, se jette dans la mer Noire.

Le Dnieper, au S. (autrefois Borysthène), arrose Smolensk, Kiev, Cherson, se jette dans la mer Noire.

La Néva, sort du lac Ladoga, passe à Saint-Pétersbourg, se jette dans le golfe de Finlande.

Le Don, au S., passe à Voronech, à Asof, se jette dans la mer d'Asof.

Le Volga, à l'E., le plus grand fleuve de l'Europe, arrose Simbiersk, Astracan, se jette dans la mer Caspienne.

L'Oural, à l'E., sépare l'Europe de l'Asie, se jette dans la mer Caspienne.

Le Niémen, à l'E., prend sa source en Russie, sépare cet empire de la Pologne, passe à Tilsitt, se jette dans la mer Baltique.

La Vistule, à l'E., traverse la Pologne, passe à Varsovie, à Thorn, se jette dans la mer Baltique.

L'Oder, au N.-O., arrose Breslau, Glogau, Francfort-sur-l'Oder, Stettin, se jette dans la mer Baltique.

La Tamise, au S., arrose Oxford, Londres. se perd dans la mer du Nord.

La Sévern, à l'O., arrose Montgommery, Bristol, se perd dans l'Océan-Atlantique.

Le Connaught, arrose l'Irlande, passe à Limerik, se jette dans l'Océan-Atlantique.

La Tweed, qui sépare l'Ecosse de l'Angleterre.

Le Rhin, prend sa source au mont Saint-Gothard en Suisse, arrose plusieurs duchés et la Hollande, sépare la Suisse et la France du duché de Bade, se perd dans les Dunes.

La Meuse, prend sa source en France, passe à Verdun, à Sedan, à Mézières, à Liége, à Rotterdam, se perd dans la mer du Nord.

L'Escaut, prend sa source dans le département de l'Aisne, passe à Cambrai, à Gand, à Anvers, se perd dans la mer du Nord.

La Seine, au N., prend sa source dans le département de la Côte-d'Or, arrose Troyes, Melun, Paris, Rouen, le Hàvre, se jette dans la Manche.

La Loire, à l'O., sort des Cévennes, arrose le Puy, Nevers, la Charité, Orléans, Blois, Tours, Saumur, Nantes, se perd dans l'Océan.

La Garonne, au S., prend sa source dans les Pyrénées, passe à Toulouse, à Agen, à Bordeaux, prend le nom de Gironde en recevant la Dordogne au Bec-d'Ambez, se perd dans l'Océan.

Le Rhône, au S.-E., sort de la Suisse, arrose Lyon, Vienne, Valence, Pont-Saint-Esprit, Avignon, Beaucaire et Arles, se jette dans la Méditerranée.

L'Elbe, au N., arrose la Saxe, la Prusse, passe à Dresde, à Magdebourg, à Hambourg, se jette dans la mer du Nord.

Le Weser, au N., traverse le Hanovre, passe à Brême, se jette dans la mer du Nord.

Le Danube, au S., arrose le Wurtemberg, la Bavière, l'empire d'Autriche et la Turquie, passe à Vienne et se perd dans la mer Noire.

La Maritza, au S.-E., passe à Andrinople, se jette dans l'Archipel.

Le Douro, prend sa source en Espagne, traverse le Portugal, passe à Porto, se jette dans l'Océan.

Le Tage, prend aussi sa source en Espagne, traverse le Portugal, passe à Lisbonne, se jette dans l'Océan.

La Guadiana, au milieu de l'Espagne, passe à Badajoz, se jette dans l'Océan.

Le Guadalquivir, au S., passe à Cordoue, à Séville, se jette dans l'Océan au N. de Cadix.

L'Ebre, au N.-E., passe à Saragosse, à Tortose, se jette dans la mer Méditerranée.

L'Arno, au N.-O., prend sa source en Toscane, passe à Florence, à Pise, se jette dans la Méditerranée.

Le Tibre, au milieu, prend sa source en Toscane, passe à Rome, se jette dans la Méditerranée.

Le Pô, au N., prend sa source dans les Alpes, passe à Turin, à Casal, à Plaisance, se jette dans la mer Adriatique.

L'Adige, au N., prend sa source dans les Alpes du Tyrol, passe à Trente, à Vérone, se jette dans la mer Adriatique.

Rivières.

Qu'est-ce qu'une rivière ?

Une rivière est un cours d'eau qui se jette dans un fleuve ou dans une autre rivière, ou même dans la mer.

Qu'est-ce qu'un confluent ?

On appelle confluent l'endroit ou se réunissent deux cours d'eau.

EUROPE.

Ses avantages, ses productions et son commerce.

L'Europe est la plus petite des grandes divisions de la terre; mais elle est la plus belle et la plus fertile. Les villes y sont mieux bâties, en plus grand nombre et plus peuplées. Les hommes y sont plus doux, plus ingénieux et plus policés. L'Europe seule a produit plus de héros et de savants que n'en ont produit ensemble les autres parties du monde. Elle est le centre des arts , de la civilisation et du commerce , depuis deux à trois mille ans.

Le sol y est en général moins riche que dans quelques contrées de l'Asie, de l'Afrique et de l'Amérique ; mais on n'y voit pas de vastes et arides déserts comme ceux de l'Asie et de l'Afrique. La culture de la pomme de terre et celle de quelques grains s'étend jusque dans la Laponie russe ; le nord de la Russie seul ne peut rien produire ; les autres états suffisent à la nourriture de leur nombreuse population ; le blé en fait la base. Tous les végétaux utiles des climats tempérés croissent en Europe.

Tout le monde connait les nombreuses espèces d'animaux utiles qui se sont multipliés en Europe ; on n'y en trouve point de bien dangereux ; l'ours blanc du nord et le loup sont les seuls qui soient redoutables ; on rencontre aussi, dans les montagnes de la Suisse, des aigles et des vautours énormes.

SUÈDE ET NORWÈGE (Ier État du Nord).

Bornes. Cet état est borné au N. par l'Océan glacial Arctique ; à l'O. par l'Atlantique ; au S. par le Kattegat et la Baltique ; à l'E. par la Baltique, le golfe de Bothnie et la Russie.

Aspect. — La Norwège est hérissée de montagnes, tandis que la plus grande partie de la Suède est couverte de lacs. Le climat est froid et le sol peu fertile.

Productions , commerce. — L'agriculture ne suffit pas à ses habitants ; ses forêts et ses mines font la richesse de cet état. La Norwège abonde en mines de cuivre, de fer et en munitions navales de toute sorte. La Suède abonde aussi en mines de cuivre, de fer, en bois de construction et de mâtures, en chanvre et en goudron.

Les mines de cet état forment des demeures souterraines qui sont très-spacieuses et en même temps commodes pour les habitants : elles semblent former un monde caché ; il y en a qui sont à deux cents mètres sous terre.

Dans le Nord on trouve la renne, cerf nain, animal précieux qui se nourrit de mousse et fait la richesse des Lapons; il remplace le cheval dans la zone glaciale, et ne peut vivre que dans les pays froids. On trouve aussi en Suède plusieurs animaux à fourrure.

RUSSIE (2ᵉ État du Nord, **en y comprenant la Pologne** qui depuis 1831 a cessé de former un état distinct).

Bornes. Cet état est borné au N. par la mer Glaciale, à l'O par la Suède, le golfe de Bothnie, la Baltique, la Prusse et l'Autriche; au S. par la Turquie d'Europe, la mer Noire, le Caucase et la mer Caspienne ; à l'E. par le fleuve et les monts Ourals.

Aspect. — Ce vaste empire est généralement plat, et les montagnes qui le traversent sont peu élevées.

Productions, commerce. — Un tiers seulement de la Russie est en culture régulière, et pourtant les provinces centrales surtout et quelques-unes du nord sont assez fertiles pour permettre une grande exportation de grains. La Russie nourrit un bétail immense qui fournit quantité de suif et de cuirs ; elle exporte en abondance du chanvre, du fer, du bois de construction, de la mâture, du goudron, de la résine, des fourrures précieuses ; elle exploite des mines très-riches en or, argent, cuivre, fer, etc.

Cet empire, dont les forces, l'industrie, les productions vont toujours croissant, a des ports sur toutes les mers intérieures et extérieures ; il atteint immédiatement par terre ou par mer à toutes les productions précieuses du monde commerçant.

DANEMARCK (3ᵉ État du Nord).

Cet État, situé à l'entrée de la mer Baltique, se divise en provinces continentales et en îles.

Aspect, productions, commerce. — Le pays est plat, peu fertile au nord ; il nourrit au midi des chevaux estimés. Le Danemarck exporte des bœufs et des chevaux renommés. La Norwège lui fournit en abondance des bois, du cuivre, du fer, du goudron.

Les îles Danoises, dans la mer Baltique, sont fertiles et très-peuplées (*Séeland et Fionie*).

L'Islande est couverte de montagnes volcaniques ; on y voit jaillir un grand nombre de sources d'eau chaude, quoique la température soit trop froide pour y cultiver des grains. C'est près des côtes d'Islande que viennent se réunir, au mois de mars, d'innombrables légions de harengs, qui s'avancent ensuite le long des côtes de l'Europe et de l'Amérique.

PRUSSE (4ᵉ État du Nord).

Bornes. Cet état est borné au N. par la mer Baltique, à l'O. par le Hanovre, au S. par la Saxe et l'Autriche, à l'E. par la Pologne et la Russie.

Aspect. — La Prusse est composée de provinces d'un aspect différent, mais dont le terrain est généralement plat.

Productions, commerce. — Le sol n'est pas partout également fertile, mais ses produits suffisent pour l'entretien de sa population. Le climat est trop froid pour la culture de la vigne. La Prusse offre beaucoup de pâturages où l'on élève de nombreux troupeaux. L'industrie manufacturière y est très-développée, surtout pour la fabrication des toiles, des étoffes de laine et des ouvrages en fer ; le commerce est actif.

ANGLETERRE (1ᵉʳ État de l'Ouest).

Cet état, situé au N.-O. de l'Europe, est formé principalement de deux grandes îles, qui sont : 1° la Grande-Bretagne, à l'E., qui comprend l'Ecosse au N. et l'Angleterre au S.; 2° l'Irlande à l'O. On les appelle aussi Iles Britanniques.

Productions, commerce. — La température de ce pays est froide et humide, aussi le sol ne produit point de vin, mais il donne beaucoup de grains et de fourrages. Les chevaux des Anglais et les laines de leurs moutons sont fort estimés.

On trouve dans les îles Britanniques une grande quantité de mines de fer, de cuivre, d'étain, de plomb, de houille ou charbon de terre.

Une multitude de canaux et de chemins de fer favorisent le commerce de ce riche état. Les Anglais ont porté l'agriculture à un haut degré de perfection, mais leur industrie et leur commerce font leur principale richesse. Ce peuple commerçant exporte presque toutes les marchandises nécessaires et utiles à la vie. Il importe toutes les productions de l'univers.

HOLLANDE (2ᵉ État de l'Ouest).

Bornes. Au N. et à l'O. par la mer du Nord, au S. par la Belgique, à l'E. par le Hanovre.

Aspect. — La Hollande est une vaste plaine, dont quelques parties sont plus basses que les eaux de la mer à marée haute ; on a été obligé de construire des digues immenses pour les garantir des inondations. Cependant la mer a plusieurs fois submergé des provinces entières.

Le climat est en général humide, peu sain et très-froid en hiver.

Productions, commerce. — Le sol ne produit ni blé, ni vin ; ce pays est couvert de beaux pâturages où l'on nourrit beaucoup de bestiaux. L'industrie des Hollandais, leur activité, leur habileté dans le commerce leur procurent de grandes richesses ; leurs toiles, leurs cuirs et leurs fromages sont très-estimés ; la pêche du hareng leur procure un revenu considérable.

BELGIQUE (3ᵉ État de l'Ouest).

La Belgique est bornée au N. par la Hollande, au S. par la France, à l'O. par la mer

du Nord , à l'E. par les états de la Confédération.

Productions, commerce. — Le climat est un
peu froid, moins humide et plus sain qu'en Hollande. Le sol jouit d'une admirable fertilité, produit du blé, des fruits, du lin , du chanvre, de la
navette, du tabac; renferme d'abondantes mines
de fer et de houille , et a de bons pâturages.

Les manufactures y sont nombreuses et florissantes; ses toiles et ses dentelles sont estimées.

FRANCE (4ᵉ État de l'Ouest).

Bornes. La France est bornée au S. par la Méditerranée et par les Pyrénées, qui la séparent
de l'Espagne; à l'E. par les Alpes, les montagnes de la Suisse et le Rhin; au N. par les sinuo-
sités d'une ligne fortifiée depuis le Rhin jusqu'à
Dunkerque; à l'O. par la Manche et l'Océan-
Atlantique.

Avantages. — Dans cette vaste enceinte si fa-
vorisée de la nature, se trouvent rassemblés, sous
une des températures les plus douces et sur un
des sols les plus riches, trente-trois millions d'habitants, d'une conception vive, d'une imagina-
tion ardente, habiles à la guerre, industrieux
dans la paix, possédant tous les arts, cultivant
toutes les sciences; telle est la situation des
Français.

Productions, industrie, commerce. — La
France est l'état le plus avantageusement situé
pour le commerce; elle abonde en tout ce que
l'on peut désirer pour les besoins et les délices
de la vie. On y recueille des blés en abondance,

de vins excellens, connus sous les noms de Bour-
gogne, de Champagne, de Bordeaux et du Midi;
des eaux-de-vie, du vinaigre, du cidre, des olives, des oranges, des citrons, des grenades et autres fruits ; des pommes de terre, des betteraves
pour la fabrication du sucre ; du chanvre, du lin,
du tabac, des plantes pour la médecine et pour la
teinture de la soie ; des laines, des bois de construction et de chauffage et le liège, qui est l'écorce
d'une espèce de chêne que l'on trouve dans le
midi.

Parmi les minéraux on trouve d'excellentes
pierres de taille, des carrières de granit, de
marbre, d'albâtre, d'ardoises, de pierres à meule
et à fusil, et quelques pierres précieuses ; des mines de fer, de plomb, d'argent, de cuivre, de
zinc, d'antimoine, de manganèse, de houille, de
sel ; des minerais d'alun et de sulfate de fer, du
soufre, des eaux minérales.

Les marais salans sont pour la France une
grande source de richesses.

Depuis vingt ans surtout, l'agriculture a fait
des progrès rapides en France ; dans quelques
provinces elle est portée à un très-haut degré de
perfection.

Les progrès de l'industrie ont été encore plus
rapides et plus étonnants que ceux de l'agriculture. Les principales usines et manufactures sont :
les fonderies, les forges ; les manufactures d'armes, de quincaillerie, d'horlogerie, de bronze
et d'orfévrerie ; celles des verres, de poterie, de
porcelaine, de cristaux et de glaces ; les fabriques
de produits chimiques, de teintureries ; les papete-

ries et les imprimeries ; les manufactures de soie-
ries, de toiles, de dentelles, de draps, d'étoffes de
coton ; les raffineries de sucre et de sel ; les fabriques d'amidon et les tanneries.

Le commerce de la France est très-considéra-
ble. Les principaux objets d'exportation sont le
vin, l'eau-de-vie, l'huile, le vinaigre, les grains,
les fruits, le sel ; les étoffes de soie et de laine ; la
bonneterie, les tapisseries, les toiles et dentelles ;
le papier, les caractères d'imprimerie, les livres,
l'horlogerie, les bijoux, les meubles, etc.

Les importations se font en métaux, chanvre,
lin, soie, laine, chevaux, denrées des Indes et
d'Amérique.

Ports. Les cinq ports militaires de la France
sont : *Cherbourg*, *Brest*, *Lorient*, *Rochefort* et
Toulon, qui sont en même temps les chefs-lieux
des cinq préfectures maritimes.

Les seize ports marchands les plus considérables sont : *Dunkerque*, *Calais*, *Boulogne*,
Dieppe, *le Havre*, *Rouen*, *Saint-Malo*, *Mor-
laix*, *Nantes*, *les Sables d'Olonne*, *la Rochelle*,
Bordeaux, *Bayonne*, *Cette*, *Marseille*, *An-
tibes*.

Canaux. — Les neuf principaux canaux de la
France sont : le canal de *Saint-Quentin* qui joint
l'Escaut et la Somme ; le canal de *Picardie* qui
fait communiquer la Somme avec l'Oise ; les canaux *d'Orléans*, de *Briare* et de *Loing* qui joignent la Seine et la Loire ; le canal de *Bourgo-
gne* qui joint l'Yonne, la Saône et le Doubs ; le
canal de l'*Est* qui fait communiquer le Rhin et la
Saône par le Doubs ; le canal du *Centre* qui joint
la Saône et la Loire ; le canal du *Languedoc* ou

du *Midi*, qui joint la Garonne à la Méditerranée, et fait communiquer cette mer à l'Océan ; le canal des Ardennes, qui joint la Meuse à l'Aisne. Il en est encore d'autres commencés et projetés.

Eaux minérales. — Les treize sources d'eaux minérales les plus renommées sont : celles de Saint-Amand (*département du Nord*); de Forges (*Seine-Inférieure*); de Passy (*Seine*); d'Enghien-les-Bains (*Seine-et-Oise*); de Bourbonne-les-Bains (*Haute-Marne*); de Plombières (*Vosges*); de Bourbon-Lancy (*Saône-et-Loire*); de Balaruc (*Héraut*); de Bagnères et de Barèges (*Hautes-Pyrénées*); de Bourbon-l'Archambault et de Vichy (*Allier*); du Mont-d'Or (*Puy-de-Dôme*).

Montagnes. — Les sept principales chaînes de montagnes de la France sont : 1° Les Pyrénées, entre la France et l'Espagne ; 2° les Alpes, entre la France et l'Italie ; 3° les Cévennes, dans le Languedoc ; 4° les monts d'Auvergne, qui sont le Cantal et le Puy-de-Dôme ; 5° le Jura, entre la Franche-Comté et la Suisse ; 6° les Vosges, entre la Lorraine et l'Alsace ; 7° les monts de la Corse.

Possessions de la France hors de l'Europe.

La France possède : 1° *en Asie*, dans l'Indoustan, Pondichéry, Mahé, Karikal, Ganjam, et Chandernagor, qui ont ensemble une superficie de quatre-vingts lieues carrées et une population de 179,000 habitants.

En *Afrique*, le régence d'Alger : la colonie du Sénégal, chef-lieu Saint-Louis ; l'île de Gorée et quelques comptoirs dans l'intérieur qui dépendent du Sénégal ; enfin l'île de Bourbon et un petit établissement près de Madagascar, à l'île de Sainte-Marie.

En *Amérique*, les îles de Saint-Pierre et de Miquelon, dans le golfe de Saint-Laurent près de Terre-Neuve ; la Martinique, la Guadeloupe, Marie-Galande, les Saintes, la Désirade, une partie de l'île Saint-Martin et les dépendances, qui ont ensemble une superficie de 180 lieues carrées et une population de 208,000 habitants : la Guyane ; chef-lieu Cayenne, qui a 1,700 lieues carrées et 18,000 habitants.

CONFÉDÉRATION GERMANIQUE (1er État du milieu).

Bornes. Au N. la mer Baltique, le Danemarck et la mer du Nord ; à l'O. les Pays-Bas et la France ; au S. la Suisse et l'Autriche ; à l'E. l'Autriche et la Prusse.

Productions, commerce. — La Bavière, beaucoup plus fertile que manufacturière, exporte beaucoup de grains et de bestiaux.

La Saxe, extrêmement riche en minéraux avec une agriculture des plus florissantes, est la contrée la plus industrieuse de la confédération.

Le Hanovre possède des mines précieuses d'argent, de fer et de plomb.

Le Wurtemberg est extrêmement riche en blés, bestiaux, tabac, garance, lin, chanvre, etc.

Les productions végétales des autres duchés de la confédération sont aussi les grains, les fruits, le chanvre, le houblon, la navette, le tabac, la garance ; la vigne n'y croît que dans quelques parties, et donne, sur les bords du Rhin, des vins estimés.

Les pâturages y nourrissent de nombreux troupeaux.

SUISSE (2ᵉ État du milieu).

Bornes.—La Suisse est bornée au N. par l'Allemagne, à l'O. par la France, au S. par l'Italie, à l'E. par l'Autriche.

Situation, productions, commerce. — La Suisse est le pays le plus élevé de l'Europe. La glace, qui couvre continuellement ses montagnes, rend le climat généralement froid, et varie suivant la hauteur et l'exposition des montagnes sur lesquelles on se trouve : on jouit dans les vallées d'une douce température.

Ce pays, peu fertile en grains, possède d'excellents pâturages qui nourrissent beaucoup de chevaux, moutons et gros bétail, qui font sa principale richesse.

AUTRICHE (3ᵉ État du milieu).

Bornes. Au N. la Russie, la Pologne, la Prusse ; à l'O. la Bavière et la Suisse ; au S. l'Italie, la mer Adriatique et la Turquie ; à l'E. la Turquie et la Russie.

Productions, commerce. — L'empire d'Autriche est une des plus belles contrées de l'Europe. Le sol est fertile et bien cultivé ; il produit, comme la France, tout ce qui est nécessaire aux premiers besoins de la vie. Cet empire possède des mines d'or, d'argent, de fer, de cuivre, de plomb, etc. Les mines de la Hongrie sont les plus riches de l'Europe. On récolte aussi en

Hongrie, le vin de Tokai, qui est très-renommé. Les verres de Bohême, les cuirs de Hongrie, les aciers de Styrie, les faux, les limes, sont les produits des fabriques de cet état et son commerce.

TURQUIE D'EUROPE (1er État d'Orient).

Bornes. — Au N. par la Russie et l'Autriche ; à l'O. par l'Autriche et la mer Adriatique ; au S. par la Grèce, l'Archipel et la mer de Marmara ; à l'E. par le détroit de Constantinople et la mer Noire.

Productions, commerce. — Cette contrée renferme des mines dont l'exploitation est négligée, beaucoup de sel, du marbre et des terres à couleurs. Ses vallées délicieuses et ses plaines fertiles produisent presque sans culture du froment, du maïs, du riz, du raisin, des oranges, des olives, du coton, du safran, de la garance, du tabac, des gommes et des plantes médicinales. On y élève des vers-à-soie et des abeilles. Les pâturages y nourrissent des bestiaux et surtout des brebis à laine fine, des chèvres et des chevaux. L'industrie est peu avancée en Turquie ; quelques-uns de ses produits sont, avec les schals de Cachemire, l'objet d'un commerce important qui est en partie entre les mains des juifs. C'est ce qu'on nomme *commerce du levant.*

GRÈCE (2e État d'Orient).

Bornes. La Grèce est bornée au N. par la Turquie, à l'O. par la mer Ionienne, au S. par la Méditerranée, à l'E. par l'Archipel.

Productions, commerce. — La fertilité du sol de ce pays, le génie de ses habitants, leur acti-

vité et leur habileté pour le commerce et la navigation , promettent à ce nouvel état une haute
prospérité.

PORTUGAL (1er État du Midi).

Bornes. Le Portugal est borné au N. et à l'E.
par l'Espagne , au S. et à l'O. par l'Océan-Atlantique.

Productions , commerce. — Le sol est en général fertile, mais il est mal cultivé ; il produit
tous les fruits du midi et surtout beaucoup d'o-
ranges et des citrons. On y récolte des vins renommés, ceux de Porto, surtout. On élève en
Portugal, des chevaux, des bestiaux, des vers-à-
soie. Ce pays abonde en minéraux ; on y trouve
de l'or, de l'argent, du fer, du plomb, du cuivre, du sel, du marbre, etc.

Les Portugais échangent leur vin , leur sel,
leurs fruits, ainsi que la plus grande partie de leurs
matières premières , contre le produit des manufactures étrangères.

ESPAGNE (2e État du Midi).

Bornes. Les bornes de l'Espagne sont au N. les
Pyrénées et l'Océan-Atlantique ; à l'O. l'Océan-
Atlantique et le Portugal; au S. le détroit de Gibral-
tar et la Méditerranée ; à l'E. la Méditerranée.

Productions , commerce. — Le climat est
chaud, mais pur ; le sol est sec et sablonneux ;
cependant il serait fertile s'il était bien cultivé. Il
renferme beaucoup de mines ; les plus riches sont
celles de fer, de mercure, de plomb, de cuivre.
On exploite quelques mines d'argent ; celles d'or ,
autrefois si célèbres, sont abandonnées.

Le commerce consiste dans l'exportation des produits de son territoire, mais particuliérement des vins exquis d'Alicante et de Malaga, des fruits délicieux, tels qu'oranges, citrons, olives, amandes, figues, prunes, raisins ; des laines de ses fameux mérinos, des chevaux andalous très-estimés, de la soie, de la soude, qu'on obtient en brûlant des plantes maritimes, etc.

PÉNINSULE ITALIQUE. (Renferme les 3ᵉ, 4ᵉ, 5ᵉ, 6ᵉ, 7ᵉ, 8ᵉ et 9ᵐᵉ États du Midi).

Bornes. L'Italie est bornée au N. par l'Autriche et la Suisse ; à l'O. par la France et la Méditerranée ; au S. par la mer Ionienne ; à l'E. par la mer Adriatique et l'Autriche.

Situation. — Le pays d'Italie est sans contredit le plus intéressant de l'Europe, par son histoire et ses merveilles ; il possède une des températures les plus délicieuses de la terre ; le ciel pur semble sourire au sol fertile de la belle Italie, tandis que par un contraste bizarre, l'enfer furieux agite et dévore ses entrailles. Elle a été le berceau des arts, l'école du goût, le séjour des chefs-d'œuvre antiques et des beautés modernes.

Productions, commerce. — Le sol fortuné de l'Italie fournit en abondance aux besoins et aux superfluités de la vie. Il donne autant de blé qu'il est nécessaire pour la consommation des habitants. Chaque état a ses avantages et son excellence propre.

Les productions les plus générales de l'Italie, après les grains de toute sorte, sont : les vins, les huiles fines, la soie, les fruits les plus délicieux, tels que , oranges, citrons, olives , pistaches , châtaignes , prunes et autres fruits. On cultive avec succès le riz , le coton , la canne à sucre.

Les principales manufactures de l'Italie sont celles d'étoffes de soie , de glaces , de faïence , de porcelaine , d'ouvrages en paille.

Le commerce de cette péninsule a beaucoup perdu de son activité.

—

ASIE.

Notions générales, ses antiquités sacrées.

L'Asie est la plus étendue, la plus peuplée et la plus remarquable des trois parties de notre continent ; elle est supérieure aux deux autres par la sérénité de son ciel , la fertilité de son sol, la perfection délicieuse de ses fruits, et la richesse infinie de ses minéraux. Ce pays est celui qui nous présente les premières antiquités du monde physique ou moral, sacré ou profane ; le genre humain y a pris naissance , car c'est en Asie que les saintes écritures placent le paradis terrestre ; le genre humain s'y est renouvelé , car c'est en Asie que l'arche de Noé s'est arrêtée ; le genre humain y a pris connaissance du vrai Dieu , car c'est en Asie que Dieu a transmis la révélation aux Hébreux son peuple favori ; enfin le genre humain y a reçu le gage de son salut spirituel , car c'est encore en Asie que le divin Sauveur est venu accomplir les saints mystères de notre religion.

Étendue de l'Asie. — L'Asie , terre du despotisme , est beaucoup plus grande que les autres parties du monde. Elle renferme 2,200,000 lieues carrées ; sa plus grande longueur est de 2,400 lieues, depuis le détroit de Bab-el-Mandel au S.-O. jusqu'au détroit de Béehring au N.-E. ; sa plus grande largeur, du cap Severo-Vostochoni (au N.) au cap Romania, est de 1800 lieues. Les deux tiers seulement sont habitables par l'impossibilité de culture : du reste elle présente quatre fois plus de surface que l'Europe ; elle est aussi soixante fois plus grande que la France.

Population. — 400,000,000 d'habitants, presque tous de couleur sous les nuances olive, bronze, jaune, avec des traits fort variés, professant les religions de Mahomet, Brama, Bouddha et Confucius.

Bornes. — L'Asie est bornée au N. par l'Océan glacial arctique ; à l'O. par les monts Ouraliens, le fleuve Oural, la mer Caspienne, le Caucase, la mer Noire, le détroit de Constantinople, la mer de Marmara, l'Archipel, la Méditerranée, l'isthme de Suez, la mer Rouge ou golfe Arabique; au S. par la mer des Indes ; à l'E. par le Grand-Océan.

Division. — L'Asie se divise en dix parties principales, savoir : une au N., la Russie d'Asie ou Sibérie ; deux à l'O., la Turquie d'Asie et l'Arabie ; trois au centre, la Perse, la Tartarie indépendante, la Tartarie Chinoise ; deux au S., l'Inde, en-deçà du Gange, l'Inde au-delà du Gange ; deux à l'E, la Chine et l'empire du Japon.

Montagnes. — Les principales chaînes de montagnes de l'Asie, sont : le Caucase, entre la mer Noire et la mer Caspienne ; les monts Ouraliens , entre la Russie d'Europe et la Sibérie ; le Taurus et le Liban , dans la Turquie d'Asie ; les petits monts Altai entre la Sibérie et l'empire Chinois ; les grands monts Altai et le mont Bodgo, entre le grand plateau et les Mongols ; les monts Belur , entre la Tartarie indépendante et le Thibet ; les monts Himalaya , entre les Thibet et l'Indoustan. Le pic de l'Himalaya est le point le plus élevé de la terre , il a 4,400 toises d'élévation au-dessus de la mer.

Fleuves principaux. —Au N. l'Obi, le Jénissei, la Léna et leurs nombreux affluents , arrosent la Sibérie et se jettent dans la mer Glaciale ; à l'E. l'Amur ou Saghalien , le Hoang ou fleuve Jaune, le Kiang ou fleuve Bleu , arrosent la Chine et se jettent dans l'Océan oriental ; au S. le Camboge , le Menan, l'Araoudy E. , l'Araoudy O., le Burampouter , le Gange et l'Indus, arrosent l'Inde et débouchent dans l'Océan Indien ; à l'O., le Sirt et le Ghion, arrosent la Tartarie et se jettent dans le lac Aral ; le Tigre et l'Euphrate arrosent la Turquie d'Asie et tombent dans le golfe Persique.

Mers et Détroits. — Les détroits principaux de l'Asie, outre les détroits de Constantinople et des Dardanelles , déjà cités pour l'Europe, sont : au S., le détroit de Bad-el-Mandel , entre l'Arabie et l'Afrique ; le détroit d'Ormus, entre l'Arabie et la Perse ; le détroit de Malacca , entre la presqu'île de Malacca et l'île de Sumatra, dans l'Océanie ; le détroit de la Sonde , entre l'île de Sumatra et l'île de Java ; le détroit de Corée, entre la Chine et le Japon ; la manche de Tartarie , entrè l'île de Tchoka et la Chine ; le détroit de Lapérouse, entre l'île de Tchoka et l'île de Jeso, l'une de celles du Japon ; le détroit de Béhéring, entre l'Asie et l'Amérique septentrionale.

Golfes. — Les golfes principaux d'Asie sont, savoir : au S., le golfe Arabique ou mer Rouge, qui sépare l'Arabie de l'Afrique ; le golfe Persique, entre l'Arabie et la Perse ; le golfe du Bengale, formé par la mer des Indes ; à l'E. les golfes de Siam et de Tunquin, formés par la mer de la Chine ; le golfe Jaune, formé par la mer Jaune ; le golfe du Kamtschatka, formé par la mer d'Ochotsk, la baie de Béhéring ; et au N. le golfe d'Obi, formé par l'Océan glacial.

Iles remarquables. — Dans la Méditerranée, Rhodes et Chypre ; dans la mer des Indes, Bombay, les Laquedives, les Maldives, Ceylan, les îles Andaman et les îles Nicobar, les îles de la Sonde, les Philippines, Haïnan ; Formose, les îles du Japon, l'île de Tchoka, les Kuriles, les Aleutiennes, dans le Grand-Océan oriental.

Presqu'îles remarquables. — Le Kamtschatka, à l'E. de la Sibérie ; la presqu'île de Corée, à l'E. de la Chine ; Malacca, au S. de l'Inde; l'Indoustan, Gusurate à l'O. de l'Indoustan ; la presqu'île Arabique, l'Anatolie en Turquie.

Caps. — Les principaux caps de l'Asie sont : le cap Severo-Vostochoni, à l'extrémité septentrionale ; le cap Oriental, à l'E. de la Sibérie ; le cap Romania, à l'extrémité S. ; le cap Comorin, au S. de l'Indoustan, et le cap Rasalgat, au S.-E. de l'Arabie.

Lacs principaux. — Le lac Tchany et le lac

Baikal, en Sibérie ; le lac Aral, dans la Tartarie indépendante ; le lac Zaizan, le lac Palcati, sur le grand plateau central du Thibet et Kalmouk.

Volcans. — Il en est sur le plateau central, et ce sont les plus éloignés de la mer qu'on connaisse ; le Kamtschatka en compte beaucoup ; ils abondent au Japon, et y sont terribles ainsi qu'aux Philippines, aux Moluques et aux îles de la Sonde.

Productions de l'Asie. —L'Asie, par sa grande étendue, renfermant tous les climats, possède toutes les productions végétales et tous les animaux de l'Europe et de l'Afrique.

Minéraux.—Tous nos métaux en grande quantité ; l'Oural renferme les plus riches mines d'or et de platine de l'Ancien-Monde, du cuivre et du fer en immense quantité, des diamants et autres pierres précieuses ; les diamants sont encore fort communs dans les deux presqu'îles de l'Inde ; l'or et l'argent abondent au Japon et en Chine.

Végétaux. — La Perse nous a donné la pêche et l'abricot ; la Sibérie, la rhubarbe ; l'Arabie, le café, l'encens, les parfums, la gomme ; la Chine, la soie, le thé, l'orange ; les parties méridionales et les îles qui les avoisinent, les épices, la canelle, le girofle, la muscade, etc. L'Inde, la Chine et le Japon, ont des milliers de fleurs ravissantes par leur forme et leur couleur, dont chaque jour on enrichit les serres et les jardins.

Animaux. — Le haut plateau central possède en général tous nos animaux domestiques, d'où ils semblent être descendus pour peupler le reste du globe. On y voit aussi le chameau à deux bosses, le bœuf à queue de cheval, la fameuse chèvre qui procure les schalls. Dans la Sibérie sont tous les animaux à fourrures ; la renne et le chien traîneur, l'ours polaire, les énormes cétacés, le phoque et le lamentin. Dans l'Inde, sont généralement les animaux féroces et gigantesques : les lions, les tigres, les rhinocéros, les panthères, les serpens, l'énorme éléphant, etc. ; on y voit l'orang-outang, et autres singes à l'infini, ainsi qu'une multitude d'oiseaux admirables par leur couleur.

RUSSIE ASIATIQUE
ou GRANDE SIBERIE, au N. de l'Asie.

Bornes. — La Sibérie, est bornée au N. par l'Océan glacial arctique ; à l'O. les monts Ourals ; au S. la Tartarie, la Chine ; à l'E. les mers d'O-khotsk, de Béhéring et le détroit de Béhéring.

Etendue, population. — 700,000 lieues carrées, près de vingt-quatre fois l'étendue de la France, 3,000,000 d'habitants.

On comprend sous le nom de Sibérie, cet immense terrain qui s'étend des monts Ouraliens à l'Océan oriental, et des bords de l'Océan glacial jusqu'aux petits monts Altai. De cette chaîne s'échappent un grand nombre de fleuves, qui coulent tristement vers le nord, au milieu d'une nature sauvage ; ils portent vers une plage désolée d'inutiles ondes, qui sont bientôt transformées en glaçons sur leurs rives solitaires ; à peine quelques villes, quelques bourgs ou quelques cabanes attestent par intervalles des vestiges de civilisation. D'immenses et sombres forêts, de stériles et vastes déserts remplissent le reste de l'horison. Sur ce théâtre errent quelques peuplades cherchant péniblement leur nourriture dans la chasse et la pêche, et trouvent leurs richesses dans la dépouille des animaux qu'elles ont saisies. Tel est encore à peu près l'état de la Sibérie.

Les Russes en firent la découverte en 1580; depuis ils s'y sont enfoncés peu à peu, et, à l'aide de postes militaires et de stations civiles qui en tracent les routes, ils sont venus à bout d'organiser leur pouvoir sur cette vaste région, et de faire servir les diverses peuplades au profit de leur commerce.

Productions. — Des mines très-riches, des pelleteries du pôle, celles des îles Aléutiennes, du continent même de l'Amérique, du Kamtschatka ou de l'intérieur de la Sibérie, qui traversent cet immense pays si c'est l'été, et sur des traîneaux si c'est l'hiver, et viennent recevoir en Chine des équivalents avantageux en soie, coton, thé et rhubarbe.

Villes principales. — Tobolsk, entrepôt pour les marchandises qui arrivent de l'Europe, et pour celles qui viennent de la Sibérie.

TURQUIE D'ASIE.

Bornes. — Au N. la Russie et la mer Noire; à l'O. le détroit de Constantinople, l'Archipel et la Méditerranée; au S. l'Arabie; à l'E. la Perse.

Étendue, population. — 70,000 lieues carrées, deux fois la France; 12,000,000 d'habitants, professent presque tous la religion de Mahomet; on y trouve aussi des chrétiens.

La Turquie asiatique, d'une température délicieuse et d'un sol abondant, aujourd'hui si misérable sous les Turcs, composa jadis une des plus belles portions de l'empire romain.

Ses parties méridionales, la Syrie, la Palestine, etc., viennent d'être cédées par le grand seigneur, au vice roi d'Egypte, dont le fils était arrivé victorieux presque au voisinage de Constantinople.

Productions. — Le blé, la soie, toute espèce de fruits. D'immenses pâturages couvrent presque sans travail une partie des plaines ; des raisins délicieux mûrissent sur les coteaux ; des olives, des dattes renommées abondent dans les parties sablonneuses, et d'immenses forêts de chênes et de pins chargent ses montagnes. Outre la plupart des animaux d'Europe, on y trouve encore des lions, des tigres, des léopards, des chameaux et des dromadaires.

Villes principales. — Alep, le rendez-vous de caravanes ; Damas, Smyrne, le centre du commerce maritime ; Bassora, le marché des Indes ; Pruse, Bagdad, autrefois si célèbre, accolée aux ruines de Babylone, qui fut bien plus célèbre encore ; les ruines de Palmyre et celles de Balbec, l'ancienne Héliopolis, sont des antiquités remarquables.

Jérusalem, capitale de la Palestine ou Terre-Sainte, ville dans laquelle se sont accomplis la plupart des mystères du christianisme, possède le Saint-Sépulcre, dans une église bâtie sur le calvaire.

Béthléem, à deux lieues et demie au S. de Jérusalem, sur une montagne entièrement couverte de vignes et d'oliviers, est le lieu où est né N.-S.-J.-C.

Notions sur l'état ancien de la Turquie d'Asie.

La Turquie asiatique a été habitée de toute antiquité. Nos livres saints sont ses premières annales, et les livres profanes s'accordent à reconnaître ce pays pour la source des lumières et de la civilisation. Nemrod, Ninus, Sémiramis, les grands empires qu'ils ont élevés, ceux qui leur ont succédé; les héros de Troie, la mémorable querelle des Perses, l'empire d'Alexandre, les Séleucides, le farouche Mithridate, la belle reine de Palmyre, les brillants califes de Bagdad, telle est la faible esquisse des grands traits et des grands personnages dont ce pays a été constamment le théâtre.

ARABIE.

Bornes. — L'Arabie est bornée au N. par la Turquie d'Asie, à l'E. par le golfe Persique, au S. par l'Océan indien, à l'O. par la mer Rouge.

Étendue, population. — 100,000 lieues carrées, trois fois et demie la France, 9,000,000 d'habitans.

Division. — L'Arabie se divise en deux parties, savoir: l'Arabie pétrée au N.; l'Arabie déserte au centre; et l'Arabie heureuse au S.-E.

L'intérieur de l'Arabie est un vaste désert de sable aride et brûlant; les bords de cette grande presqu'île jouissent seuls des avantages de la fécondité.

Le désert n'est autre chose qu'une immense plaine de sables, et lorsque les vents les agitent, ils les roulent en tourbillons comme les flots d'un océan furieux, et les élèvent quelquefois en montagnes, qui ensevelissent des caravanes entières. Les caravanes, ne trouvant dans ces déserts aucun chemin tracé, se dirigent, comme sur mer, par le moyen de la boussole, ou par l'inspection des étoiles; car elles marchent principalement la nuit.

Productions. — On cultive en Arabie, le blé, le maïs, l'indigo, le coton, et la plupart des fruits d'Europe et des Indes. Mais ses célèbres productions indigènes, sont : le café, l'aloès, le baume, la myrrhe et l'encens; de fameux chevaux estimés les premiers de la terre, par la perfection de leurs qualités; le chameau, consacré aux lourds fardeaux, et le dromadaire plus propre à la course.

Villes principales. — Médine et la Mecque. La première renferme le tombeau de Mahomet, la seconde fut son berceau. Cette dernière renferme de plus la célèbre Kaba ou maison de Dieu. Tout vrai croyant est obligé de la visiter en personne ou par procuration, au moins une fois en sa vie, ce qui en fait un rendez-vous annuel de dévotion et de commerce.

Moka. Cette ville a un port et fait un bon commerce de gomme arabique et de drogues. On récolte aux environs le meilleur café de l'Arabie, connu sous le nom de café-moka.

Notions sur l'état ancien de l'Arabie. — Les Arabes sont un des premiers peuples dont nous parlent nos anciens livres. C'est une nation de tout temps

intelligente et brave, qui n'a jamais subi le joug
étranger, mais qui, au contraire, a promené victo-
rieusement ses lois et sa religion sur la moitié de
l'Asie, de l'Afrique et de l'Europe. Les Arabes
sont presque tous de la religion de Mahomet qui,
se donnant pour prophète, se mit à prêcher vers
le commencement du septième siècle. Aux huitième et neuvième siècles ils avaient fait de Bagdad le séjour des sciences ; et, lorsque nous crou-
pissions dans la plus grossière ignorance, ces
peuples brillaient en poésie, littérature, médecine, architecture, magnificence et galanterie.

PERSE.

Bornes.—La Perse est bornée au N. par la Tartarie, la mer Caspienne et la Russie ; à l'O. par la
Turquie d'Asie, au S. par le golfe Persique et le
détroit d'Ormus ; à l'E. par l'Inde.

Étendue, population. — 125,000 lieues carrées, quatre fois la France, 22,000,000 d'habitants.

Les révolutions qui ont désolé la Perse ont
divisé cet empire en deux portions très-distinctes
que nous appellerons Perse orientale et Perse
occidentale.

La Perse orientale, ou empire des Afghans, a
pour villes principales : Candahar, Caboul, demeure des souverains ; Cachemire, célèbre par
ses schalls ; Herat et Balk. Au midi sont les Be-
loutches.

La Perse occidentale eut jadis pour capitale,
Ispahan ; aujourd'hui, sous la dynastie nouvelle
de Fatali-Scha, c'est Téhéran. On y voit encore
Schiras, célèbre par les délices de sa température.

Productions de la Perse. — Ce pays est élevé, entrecoupé de montagnes sans ordre , et de grandes plaines généralement sablonneuses et désertes ; il y a peu d'eau , point d'arbres.

On y recueille du froment, du riz, du millet, de la soie ; c'est la patrie de la pêche et de l'abricot , ses chevaux sont les plus beaux de l'Orient.

Les Persans sont gais , vifs , spirituels , instruits ; leur secte de mahométisme est indulgente et facile ; il ne faut point les confondre avec les Turcs , qui sont les puritains du mahométisme.

Les Persans possèdent la langue la plus harmonieuse de l'Orient et la plus favorable à la poésie.

Notions sur l'Etat ancien de la Perse. — Ce pays classique reparaît sans cesse avec les grands noms de Zoroastre, Cyrus, Xerxès, Darius, Alexandre, les Parthes, les Sassanides, jusqu'à ce qu'enfin les Mahométans viennent y porter une religion, des lois nouvelles, et le font rentrer alors dans l'histoire des révolutions modernes de l'Asie.

TARTARIE INDÉPENDANTE.

Bornes. — Au N. la Sibérie, à l'O. la mer Caspienne, au S. la Perse, à l'E. le petit Thibet, la petite Bucharie, etc.

Étendue. — 60,000 lieues carrées , deux fois la France. *Population :* 4,500,000 habitans.

Ce pays, appelé aussi Turkestan, occupe un enfoncement le plus abaissé de la terre, où se trouve la mer Caspienne et le lac Aral, qui sont deux ou trois cents toises au-dessous du niveau de l'O—

céan. Les parties septentrionales et celles de l'ouest ne montrent guère que des lacs salés et des déserts de sable ; le sud, sous le nom de Grande-Bucharie, jouit d'une agréable température et d'une abondante fertilité.

Deux hordes, d'une origine commune, occupent cette vaste contrée, les Kirguis au nord, aujourd'hui sous la domination russe, et les Usbecks au midi. Ces races tartares, riches en troupeaux, errent dans les campagnes et campent près des villes.

Villes principales. — Samarcande, capitale de Tamerlan ; Bokara, qui fut sa rivale ; Balck, l'entrepôt des produits de l'Indoustan. Ces pays, par leur position, mettent en communication le commerce de la Perse et de l'Inde avec celui de la Chine et de la Russie.

Notions sur l'État ancien de la Tartarie. — Le pays, sous le nom de Bactriane, fut le berceau de l'antique monarchie perse, dont Zoroastre fut le législateur. C'est là que les Turcs, descendus de la chaîne Altaïque, établissent le centre de leur demeure, donnent au pays le nom de Turkestan, et n'en sortent que pour aller à la conquête de l'Asie et de l'Europe. Gengis-Khan y rencontre un rival dans un roi de Karisme, qui ose le combattre à Otrar, et balancer ses destins. Plus tard, Tamerlan y établit le siège de sa monarchie ; plus tard encore il est le théâtre des exploits de Schah-Nadir, qui se vantait d'en être sorti.

TARTARIE CHINOISE (Grand plateau de l'Asie).

Petite Bukarie , Thibet , Mongols , Calmoucks ,
Mantcheous , Boutan et le Grand Désert
de Cobi ou Shamo.

Bornes. — Au N. la Sibérie, à l'O. la Tartarie indépendante, au S. l'Indoustan, à l'E. la
Chine propre.

Etendue, population. — 5000,000 lieues carrées, dix-sept fois la France ; 20,000,000 d'habitants.

C'est un immense plateau d'une excessive élévation, parsemé de rochers stériles et de vastes déserts, d'un sable noir et presque mouvant. Il est
soutenu de tous côtés par des montagnes graniti-
ques dont la cime élevée décide des climats du
grand continent de l'Asie, et forme le partage de
ses eaux. C'est de la partie septentrionale de ce
plateau qu'au moyen âge, sortirent les Huns, les
Avares, les Hongrois, les Mongols, les Turcs,
pour ravager la terre. Il ne s'y trouve plus aujourd'hui que des peuplades trop insignifiantes
pour franchir désormais leurs bornes naturelles ;
ce sont les Songars, les Calmoucks ou Eleuths,
diverses branches de Mongols et de Mantcheous.
Plus bas, vers les chaînes méridionales sont des
pays plus peuplés, plus riches et civilisés ; la
petite Bukarie, le grand et le petit Thibet.
Toutes ces provinces sont sous la dépendance de
l'empire de la Chine.

Les peuples du nord sont pasteurs et nomades ;
leurs richesses consistent dans leurs troupeaux,
leurs demeures sont des tentes et leurs villes des
camps qui se transportent suivant le besoin des

pâturages. Les Bukariens sont en possession du commerce, et les Thibétains cultivent leurs terres.

Le plateau de l'Asie est regardé, par plusieurs auteurs, comme le berceau du genre humain, qui, du lieu le plus élevé, se serait répandu au loin de toutes parts.

Productions. — On y trouve, et en grande partie dans l'état sauvage, la réunion de presque tous les animaux qu'on ne possède que partiellement ailleurs. Il en est de même des productions végétales ; mais ce pays en possède en outre qui lui sont propres, telles que la rhubarbe, le tinkal ou *borax brut* ; la chèvre à poil de schall et l'animal porte-musc s'y trouvent aussi.

Notions sur l'état ancien de la Tartarie chinoise. — Les anciens n'avaient qu'une idée confuse de ce pays. Ils lui donnaient la vague dénomination de Scythie, au-delà de l'Immaüs. Au pied de cette chaîne célèbre venaient finir leurs connaissances géographiques.

INDE, EN DEÇA DU GANGE, OU INDOUSTAN.

Bornes. L'Indoustan a pour bornes au N. la Tartarie Chinoise, à l'E. la Perse, au S. la mer des Indes, à l'E. le golfe du Bengale.

Étendue, population. — 190,000 lieues carrées, six fois la France ; 124,000,000 d'habitants.

Au-delà de l'Indus est un immense pays auquel ce fleuve a donné son nom et qu'un autre fleuve, le Gange, divise en deux grandes presqu'îles.

L'Inde en-deçà du Gange, ou Indoustan, à

peine connu des anciens et si célèbre parmi les modernes, a un climat chaud, mais fort salubre ; son sol est d'une fertilité prodigieuse.

Productions. — Ses productions sont abondantes, variées et précieuses, entre autres les diamants, les rubis, les saphirs, l'ivoire, la myrrhe, les encens ; le riz, qui est avec la banane la principale nourriture des habitants ; le coton, la soie, les épices.

Sa population a les traits de l'Europe et la couleur de l'Afrique ; elle est douce et inoffensive, divisée en castes qui ne se mêlent jamais et continuent héréditairement leur profession. Sa religion est celle de Brama ; les bramines sont les prêtres ; les védas, les livres sacrés, et le sanscrit, la langue savante.

Division. — L'Indoustan peut se diviser en quatre parties, 1° les états indiens indépendants, dont la population est estimée à 9,000,000 d'habitants ; 2° les états alliés ou tributaires des Anglais, 42,000,000 d'habitants ; 3° les possessions anglaises, 73,000,000 d'habitants ; 4° les autres possessions européennes, danoises, françaises et portugaises, renferment ensemble 250,000 d'habitants.

INDE, au-delà du Gange, ou INDO-CHINE.

Bornes. — Au N. l'empire Chinois ; à l'O. l'Indoustan et le golfe du Bengale ; au S. le détroit de Malacca, le golfe de Siam ; à l'E. la mer de la Chine et le golfe du Tunquin.

Étendue, population. — 90,000 lieues carrées, 31,000,000 d'habitants.

Division.—L'empire de Birman, formé, il n'y a pas un demi-siècle, sur les débris de ceux de Pégu, d'Ava et d'Aracan, par le célèbre Alompra, qui, de simple particulier et avec un commencement de cent hommes seulement, s'éleva au rang des plus puissants monarques de l'Orient.

Le royaume de Siam, dont les forces et l'étendue nous sont encore aujourd'hui inconnues.

Le pays de Malacca, remarquable par les Malais, race particulière d'une énergie et d'une férocité sans pareilles.

Les royaumes de Camboje et de Laos qu'on connaît à peine, ainsi que ceux de la Cochinchine et du Tunquin, qui composent l'empire d'Anam sous la vassalité de la Chine.

Productions. — On ne connaît dans cette contrée que deux saisons : l'une sèche et l'autre pluvieuse ; on n'y éprouve jamais les chaleurs excessives des autres pays voisins des tropiques ; l'ardeur du soleil y est tempérée par la grande humidité de l'air et du terrain. L'Indo-Chine est riche en productions minérales ; on trouve surtout dans l'empire des Birmans, de l'or, de l'argent, des rubis, des saphirs, du marbre, de l'ambre et du pétrole.

Le sol y est en général très-fertile et donne deux récoltes par an. On recueille dans cette contrée tous les produits des pays chauds ; le riz, qui fait la principale nourriture des habitants ; le sucre, le café, le thé, le poivre, la canelle, le coton, etc.

Des éléphants énormes, des rhinocéros, des tigres, des lions, des boas et d'autres serpens ; des tapirs, des antilopes, des singes, peuplent les forêts. Tous ces animaux sont communs aux deux Indes. Parmi les oiseaux, on distingue la salangane, espèce d'hirondelle dont les nids, formés de frai de poisson, sont un aliment recherché. On trouve dans l'Inde presque tous les animaux domestiques de l'Europe.

Notions sur l'état ancien. — Nos premières notions sur l'Inde vont se perdre dans la fable. L'expédition d'Alexandre commence son histoire; les Ptolémée, maîtres de la mer Rouge, y envoient leurs vaisseaux; les Arabes multiplient les relations; les Portugais, en doublant le cap de Bonne-Espérance, nous ont mis en relation directe avec ces pays lointains.

CHINE PROPRE.

Bornes. — La Chine, est bornée au N. par la Sibérie; à l'O. par la Tartarie chinoise, au S. par l'Indo-Chine; à l'E. par la mer de la Chine, la mer Bleue, la mer Jaune, et celle du Japon.

Étendue, population. — 200,000 lieues carrées, sept fois la France; 200,000,000 d'habitants.

Aux extrémités orientales de l'Ancien-Monde se trouve un vaste pays, le mieux situé de toute la terre, c'est la Chine propre. Son sol est le mieux arrosé qu'on connaisse sur le globe; il présente l'aspect le plus riant, le plus curieux et le plus varié. Là sont rassemblés tous les dons d'une nature prodigue, enrichis de tout ce dont est capable l'industrie des hommes. Une population immense y remplit les villes, s'agite dans les campagnes, et fourmille pour ainsi dire sur les rivières mêmes. Ici, ce sont des canaux multipliés qui serpentent dans les vallées pour fertiliser les terres ; là, des arrosemens artificiels qu'on fait monter ingénieusement jusqu'au sommet des montagnes, lesquelles sont cultivées en terrasses régulières depuis leur base jusqu'à leur sommet.

Productions. — Le riz, le blé, presque tous nos végétaux, nos arbustes, et la plupart de nos animaux domestiques se trouvent en Chine, ainsi que le sucre, l'indigo, le coton, la soie; mais elle possède en propre l'oranger naturalisé parmi nous, le thé qui nous est devenu si usuel en Europe, le camphrier, l'arbre à suif, celui dont on fait le papier, celui qui donne le vernis, l'aloës (arbre) dont le cœur est aussi cher que l'or même ; des animaux singuliers, des oiseaux magnifiques, les faisans dorés et argentés, les sarcelles à double crête orangée ; des métaux de toute espèce, des mines de charbon, le kaolin, substance à porcelaine, et des dépôts de sel gemme et de salpêtre inépuisables.

La population, les connaissances, l'ancienneté des Chinois sont toutefois des objets de vive discussion parmi les savants. Toujours est-il certain que ses monuments historiques démontrent une existence de plus de 4000 ans, comme nation. D'un autre côté, chose bien remarquable, les sciences y demeurent stationnaires sans qu'on en trouve l'origine et comme si elles y avaient été implantées toutes venues. D'où viendrait une telle singularité ? Pourquoi tant de connaisances, de si grands travaux et si peu de progrès. Le vice radical serait-il dans l'innombrable quantité de signes qui composent leur langue savante? Il faut la vie humaine pour les apprendre, et le souverain peut les changer à son gré , ainsi qu'on change le mot d'ordre pour arrêter les intelligences des ennemis.

Nous avons trouvé chez eux l'imprimerie . la boussole , la poudre à canon , les postes . les télégraphes , et plusieurs autres découvertes. Les Chinoi sont des travaux qui , par leur immensité. surpassent ceux des Romains , et rappellent ceux des Égyptiens ; des ponts étonnants , des grands chemins magnifiques , des canaux sans nombre : celui de Canton à Pékin a près de six cents lieues : la fameuse muraille a cinq cents lieues de long et vingt-cinq pieds de haut. Les Chinois la construisirent pour se garantir des invasions des Tartares.

Il y a en Chine trois religions : les lettrés suivent les lois de Confucius , qui paraissent se réduire au déisme ; le peuple suit la religion de Fo , moins abstraite et plus sensible aux yeux : les Bonzes en sont les prêtres. Enfin l'empereur et les Mantcheous reconnaissent le grand Lama.

Villes principales. — Pékin , capitale , peuplée de plusieurs millions d'habitants , dit-on : Nankin. sur le Kianki , bien peu inférieure ; Canton , 800,000 habitants , est la seule ville où les étrangers sont admis.

EMPIRE DU JAPON.

Population : 25,000,000 d'habitants , les cinq sixièmes de la superficie de la France.

Position et îles qui le composent. — L'empire du Japon , situé à l'E. de l'Asie , se compose de cinq îles et d'un archipel , savoir : 1° l'île Tchoka. dont le Japon ne possède que le S. ; 2° Jéso , au

S.-E. de Tchoka ; 3° Niphon au centre, la plus grande du Japon. Capitale : Yedo, ville principale, Miaco ; 4° Sikof, au S. de Niphon ; villes principales, Eva et Ijo ; 5° Kiusiu, au S. de Niphon. Capitale : Nangasaki.

La partie méridionale de l'archipel des îles Kuriles, dont le N. appartient à la Sibérie.

Ce pays, dont la grande existence insulaire semble, aux extrémités orientales de l'Asie, en opposition ou en pendant avec les îles Britanniques aux extrémités occidentales de l'Europe, est, après la Chine, le premier empire de l'Asie, par sa grande population, sa force et le haut degré de sa civilisation. Les Japonais, que par analogie avec la Chine on porte jusqu'à quarante millions, connaissent les arts, les sciences, et font remonter leur histoire authentique un siècle avant l'ère chrétienne. Un empereur ecclésiastique, sous le nom de Dari, qui régnait seul autrefois, retiré maintenant dans son palais à Miaco, est vénéré comme un Dieu ; mais il n'a que l'autorité spirituelle. Un autre empereur séculier, appelé Koubo, réside à Iedo et possède le pouvoir temporel.

Productions. — Le Japon est très-fertile, riche en mines d'or, d'argent, de cuivre ; il a beaucoup de soufre et compte plusieurs volcans en activité.

A l'arrivée des Portugais, les jésuites prêchèrent le christianisme au Japon avec beaucoup de succès ; mais ayant voulu mêler les intrigues du gouvernement au zèle de la religion, ils amenèrent deux massacres des convertis et la proscription perpétuelle de leur croyance.

AFRIQUE.

L'Afrique est une péninsule d'une étendue immense ; elle ne tient à l'Asie que par l'isthme de Suez au N.-E. , d'environ 25 lieues de large.

Elle est bornée au N. par la mer Méditerranée et le détroit de Gibraltar , qui la séparent de l'Europe ; à l'O. par l'Océan Atlantique, qui la sépare de l'Amérique ; au S. par le Grand-Océan : à l'E. par la mer des Indes , la mer Rouge et l'isthme de Suez , qui la séparent de l'Asie.

Ce pays immense étant coupé par l'équateur presque dans son milieu, et la plus grande partie étant sous les tropiques, dans plusieurs endroits la chaleur est presque insupportable pour les Européens. Elle y est encore augmentée par la réflexion des rayons du soleil sur de vastes déserts de sable toujours brûlans. Cependant les côtes et les bords des rivières telles que le Nil, sont en général très fertiles et la plus grande partie de ces régions est habitée , quoiqu'elle soit loin d'être aussi populeuse que l'Europe et l'Asie.

Étendue. — L'Afrique , terre de la servitude, renferme 1,500,000 lieues carrées , dont on peut réduire la partie habitable à moitié seulement par l'impossibilité de culture , et dont un quart aussi est occupé , surtout vers le N., par de vastes déserts sablonneux où l'on trouve quelques cantons fertiles nommés Oasis , dispersés de loin en loin au milieu de ces océans de sable mouvant.

Population et race. — La population de l'Afrique est évaluée à 60,000,000 millions d'habitants ; le N. est peuplé d'Arabes et de Maures. Le mahométisme est leur religion ; les Nègres et les Hottentots, qui occupent le centre et le midi, sont idolâtres. Le Maure est supérieur en capacité au Nègre, qui lui-même l'emporte de beaucoup sur le Hottentot.

Productions, règne animal. — L'Afrique possède tous les animaux domestiques ou sauvages connus en Europe ; elle a des singes de toutes formes et de toutes les classes ; des lions, des panthères, des tigres, de rhinocéros, des hyènes ; une multitude d'éléphants, des hippopotames, des girafes, des antilopes, des autruches, des perroquets de mille espèce, des civettes, des dromadaires, des chameaux, des serpens monstrueux de toute sorte et en énorme quantité ; des crocodiles, des ibis, etc., etc. Des nuées de sauterelles dévastent quelquefois des contrées entières de l'Afrique.

Règne minéral. — Des mines d'or, d'argent, de cuivre, beaucoup de sel dans le désert et de l'ambre gris.

Règne végétal. — Presque tous nos fruits et végétaux y sont en abondance et excellents. Toutes les productions des deux Indes s'y trouvent déjà ou peuvent y être facilement acclimatées ; une grande variété de coton, d'indigo et de cannes à sucre ; le café, les épices ; l'arbre à beurre, le papyrus, la myrrhe, l'encens.

Citations remarquables. — Près du cap Vert et au Congo, sous les noms de Baobad et Aliconda, se trouve le vrai colosse du règne végétal : c'est un arbre qui présente une circonférence prodi-

gieuse, on en a vu de plus de cent pieds de tour ;
son creux peut servir d'asile à une peuplade entière.

Sur la côte de Guinée se trouve un serpent
monstrueux qui a jusqu'à cinquante pieds de
long. Parfois, suspendu d'un arbre à un autre, il
barre et observe un chemin fréquente ; parfois
encore, dressé sur sa queue et s'élevant comme un
mât de vaisseau, du milieu des vastes savanes
il plane au loin pour surveiller sa proie. Le lion,
le tigre même deviennent ses victimes ; il les
étouffe, les brise dans les replis de sa queue ; il
les couvre d'une salive dissolvante et les avale
dans leur entier ; mais alors, rendu immobile par
des efforts trop laborieux de son estomac, il de-
vient souvent, par un bizarre contraste, la proie
des plus faibles insectes ; des essaims de fourmis
pénètrent par sa gueule, ses narines, ses oreilles
et l'ont bientôt rongé jusqu'aux os.

En Nubie, il se rencontre une mouche dont
la piqûre est si terrible qu'elle est redoutable à
l'éléphant même. A son approche, les animaux,
les hommes prennent l'épouvante et la fuite.

Les chameaux du désert portent des fardeaux in-
croyables ; ils les gardent nuit et jour, soutiennent
les fatigues les plus inouïes, parcourent des es-
paces immenses, mangeant à peine et passant
quelquefois jusqu'à dix jours sans boire.

Dans le grand désert du Sahara, le sable est
parfois si fin que le vent l'agite et l'élève comme
des vagues ; il se forme alors comme des pluies
et des orages de ce sable. Dès que ces nuées terribles menacent et atteignent les Arabes, ils n'ont

d'autre ressource que de plier bagage à la hâte et de faire vent-arrière de toute la vitesse de leurs montures, sous peine d'être ensevelis vivants.

Au Sénégal et en Guinée, le thermomètre est toujours de 25 à 30 degrés ; il est des moments et des localités où il s'élève jusqu'à 45, et le vent d'est est quelquefois tel que la peau gerce et que le sang s'échappe par les pores.

Divisions. — Comme les connaissances se bornent pour l'Afrique, aux côtes, nous adopterons les cinq grandes divisions suivantes, qui auront aussi leurs subdivisions : 1° Côte septentrionale ; 2° Côtes occidentales ; 3° Pointe méridionale ; 4° Côtes orientales ; 5° Parties intérieures.

Golfes. — Les principaux golfes de l'Afrique sont : les golfes de Syrte et de Cabès, dans la Méditerranée ; le golfe de Guinée, dans l'Océan Atlantique, et le golfe Arabique, ou mer Rouge.

Iles. — On remarque au N. Madère, célèbre par son excellent vin ; les Canaries, îles fortunées des anciens, où se trouve le fameux pic de Ténériffe ; les îles du cap Vert ; celles du golfe de Guinée, Saint-Mathieu, l'Ascension, Sainte-Hélène, immortalisée par le cercueil de Napoléon, dans l'Océan.

Dans la mer des Indes, Madagascar, au rang des plus grandes îles, renferme une chaîne de montagnes qui s'élève de 1500 à 1800 toises, de sorte que la zone glaciale se trouve suspendue sur la zone torride. Ce froid climat a ses Lapons dans les Quimos, peuple de trois pieds et demi ; l'île de France, ou Maurice, aux Anglais, jadis le chef-lieu des forces françaises ; celle de Bourbon, qui demeure à la France ; les Comares ; les îles de l'Amirauté, les Séchelles et Socotara.

Caps. — Les principaux caps de l'Afrique sont : le cap Bon, au N. de la Barbarie ; le cap Bojador, le cap Blanc, à l'O. du Sahara ; le cap Vert, à l'O. de la Sénégambie ; le cap des Palmes, au S. de la Guinée septentrionale ; les caps Lopez et Négro, dans la Guinée méridionale ; le cap de Bonne-Espérance ; le cap des Aiguilles, au S. de la colonie du cap ; le cap Guardafui, au N. de la côte d'Ajan.

Montagnes. — Les cinq principales chaînes de montagnes de l'Afrique sont : 1° le mont Atlas, entre la Barbarie et le Sahara ; 2.° les montagnes de Kong, entre la Nigritie et la Guinée septentrionale ; 3" les monts de la Lune, au S. de la Nigritie et de l'Abyssinie ; 4° les monts Lupata, au S.-E. de l'Afrique ; 5° et les montagnes de Madagascar, dans l'île de ce nom.

Lacs. — Les cinq principaux lacs de l'Afrique sont : 1° le lac Loudeach, près du golfe de Cabès ; 2.° le lac Mœris, en Egypte ; 3" le lac Tchad, en Nigritie ; 4° le lac de Dombea, dans l'Abyssinie, et le lac Maravie, à l'O. du Mosambique.

Fleuves principaux. — Le Nil, si célèbre dans l'antiquité, dont le débordement passait pour un prodige, arrose l'Abyssinie, la Nubie et l'Egypte, tombe dans la Méditerranée. Le Niger, dont la direction a été long-temps un problème, parcourt une partie de la Nigritie et tombe dans le golfe de Guinée. Le Sénégal et la Gambie, à l'O., arrosent la Sénégambie, se jettent dans l'Océan

Atlantique ; le Zaïre, ou Congo, arrose la Guinée et se jette dans l'Océan Atlantique.

Après ces fleuves viennent une foule d'autres sur la côte méridionale de Guinée ; on les connait à peine. Ceux du midi et de l'est sont très-imparfaitement connus.

I° COTE SEPTENTRIONALE. (Six subdivisions.)

EGYPTE (1re subdivision).

Bornes. — Au N. la Méditerranée ; à l'O. le désert de Barca et des parties inconnues ; au S. la Nubie ; à l'E. la mer Rouge et l'isthme de Suez.

Population. — 3,000,000 d'habitants.

L'Egypte est très-étendue du N. au S. ; mais elle n'est fertile que dans la vallée arrosée par le Nil, le reste est couvert par des sables et des montagnes arides, où l'on voit quelques oasis. Il ne pleut presque jamais dans ce pays ; mais le Nil inonde régulièrement pendant plusieurs mois la vallée qu'il parcourt et la féconde de son limon ; de nombreux canaux répandent ses eaux dans toutes les plaines. Les productions végétales sont : la canne à sucre, le maïs ; divers légumes secs, le coton, le lin, le chanvre, le riz, le blé, le papyrus, les dattes, les oranges.

L'industrie égyptienne est peu avancée, elle ne s'applique guère qu'aux objets de première nécessité.

Villes principales. — Le Caire, capitale, près de la rive droite du Nil. Les Français s'en emparèrent en 1798 et en restèrent maîtres pendant trois ans et demi. On trouve près du Caire les

Pyramides, qui existent depuis quatre mille ans : la plus grande a 146 mètres de haut.

Alexandrie sur la Méditerranée, Rosette et Damiette, ports de mer aux deux embouchures du Nil.

Notions.—L'Egypte, qui a été jadis le premier berceau de nos lumières, est actuellement sous la domination du prince turc Méhémed-Ali, créateur d'un nouvel empire. Ce prince législateur, secondé de son fils, conquérant (Ibrahïm-Pacha), prépare en ce moment une révolution en Orient. Méhémed s'occupe sans relâche à introduire les ressources européennes dans ses états qu'il a déja accrus, en Afrique, de la Nubie, du Kordofan et d'une portion de l'Abyssinie. En Asie, des rives orientales de la mer Rouge, de la Palestine, de la Syrie et partie de l'Asie mineure. C'est surtout aux Français qu'il a recours pour le seconder dans l'entreprise qu'il a faite de faire fleurir les sciences et les arts.

L'immortelle campagne des Français en Egypte, si glorieuse pour nos armes, n'aura pas moins fait pour la science. Les découvertes et les travaux des savants français brillèrent comme la gloire de nos généraux. Ce pays demeure toujours classique et semé de monuments antiques ; on y a pris l'obélisque de Luxor, pour accroître les richesses de Paris.

DÉSERT DE BARCA (2ᵉ subdivision).

Bornes. — Au N. la Méditerranée, à l'O. la régence de Tripoli, au S. le Sahara, à l'E. l'Egypte.

Le désert de Barca, l'ancienne Cyrénaïque, qui coupe la communication de l'Egypte avec les régences barbaresques : on y voit l'oasis de Syouah, celui d'Oudgila et celui du Fezzan. Capitale : Mourzouck, dans la plus grande des oasis, qui s'avance comme un cap dans la mer du désert, et facilite singulièrement la communication avec le Bournou, poste avancé de la zone habitée par les nègres.

La Barbarie contient les quatre autres subdivisions de la côte septentrionale d'Afrique.

Cette longue et étroite lisière, resserrée entre les montagnes et la mer, est généralement fertile et fut même très-productive tant qu'elle fut bien cultivée. Sa décadence morale n'est pas moins frappante que sa dégradation physique ; elle fut polie sous les Romains, barbare sous les Turcs.

La température y est douce et son terroir se ressent du voisinage du mont Atlas par les arrosements qu'il en reçoit. Le blé, le riz, l'olivier, la vigne, le mûrier, l'indigo, la canne à sucre y viennent à la fois, et on pourrait cultiver avec un égal succès le cafier et le cotonnier.

RÉGENCE DE TRIPOLI (3ᵉ subdivision).

Bornes.— Au N. la Méditerranée, au S. le Sahara, à l'E. le désert de Barca.

La régence de Tripoli est une portion de l'ancienne Lybie.

Population. — 660,000 habitants. Capitale, Tripoli, sous la domination d'un dey turc, sujet nominal du Grand-Seigneur.

RÉGENCE DE TUNIS (4ᵉ subdivision).

Bornes. — Au N. et à l'E. par la Méditerranée, au S. par le désert, et à l'O. par l'Afrique française.

La régence de Tunis est le centre de l'ancienne puissance Carthaginoise.

Population. — 1,800,000 habitants. Capitale, Tunis. Cet état est régi par un bey turc aussi sujet nominal du Grand-Seigneur.

ALGER, ou L'AFRIQUE FRANÇAISE
(5e subdivision).

Bornes. — Au N. la mer Méditerranée, à l'O. l'empire de Maroc, au S. le Sahara, à l'E. la régence de Tunis.

Population. — 1,500,000 habitants.

L'Afrique française, la Numidie des anciens, jadis le repaire des pirates, conquise en 1830 par les armes françaises, est une acquisition qui anéantit la barbarie dans ce quartier de la terre, procure la sûreté des mers et doit rendre cette contrée à la civilisation.

Villes. Alger, bâtie en amphithéâtre au fond d'une baie fortifiée : les Français en ont fait la conquête en 1830. Oran, à l'O., port défendu par une forteresse qu'occupent les Français. Constantine à l'E., ville importante, capitale d'une vaste province ; Bone, Bougie, etc.

EMPIRE DE MAROC (6e subdivision).

Bornes. — Au N. la mer Méditerranée et le détroit de Gibraltar, à l'O. l'Océan Atlantique, au S. le Sahara, à l'E. l'Afrique française.

L'Empire de Maroc est l'ancienne Mauritanie.

Population. — 6,500,000 habitants. Capitale, Maroc, sous la domination d'un empereur Mahomélan. Les villes principales sont : Ceuta sur le détroit de Gibraltar, place appartenant aux Espagnols ; Fez, Méquinez, Mogador.

2° COTES OCCIDENTALES.

TROIS SUBDIVISIONS.

Sur toute la côte, depuis le Sénégal jusqu'au cap Négro et dans l'intérieur, par les mêmes latitudes, se trouve la race nègre, race particulière et tout à fait distincte de la nôtre, par sa couleur, ses traits et ses formes ; elle n'a ni notre capacité ni nos combinaisons, ni notre activité.

Ces côtes ont été long-temps le siège de l'abominable trafic des esclaves, que les européens conduisaient en Amérique pour cultiver leurs colonies.

SÉNÉGAMBIE.

Bornes. — Au N. le Sahara, à l'O. l'Atlantique, au S. la Guinée, à l'E. la Nigritie ou Soudan.

Population. — 12,000,000 d'habitants.

La Sénégambie, composée d'un grand nombre de tribus nègres et d'une foule de petits états ; au nord, sur les bords du Sénégal, sont les établissements français, dont Gorée et Saint-Louis sont les points fortifiés.

Plus bas, sur la Gambie, sont les établissements anglais, dont le chef-lieu est Fort-James ; viennent ensuite Liberia, colonie des États-Unis, où ils envoient leurs nègres affranchis, et dont l'unique but est de répandre la civilisation parmi les nègres.

Serra-Leone, autre établissement anglais fondé pour la civilisation des nègres.

Productions, commerce. — Les palmiers, les cocotiers, les citronniers, les orangers s'y trouvent en grande quantité et charment la vue dans ce pays ; mais les chaleurs insupportables, l'insalubrité de l'air et l'aspect hideux des crocodiles et des reptiles les plus dangereux diminuent les agréments de ce beau pays, dans lequel on trouve aussi des éléphants, des hippopotames, des girafes, des buffles, des chameaux, et beaucoup d'autres animaux féroces, tels que lions, panthères, linx, etc.

On tire de la Sénégambie, de l'or, de l'ambre, de l'ébène, de la gomme, du poivre, du coton, des plumes d'autruche, des peaux de tigre, etc.

GUINÉE SEPTENTRIONALE.

Bornes. La Guinée septentrionale est bornée au N. par la Nigritie ou Soudan ; à l'O. par l'Océan Atlantique, au S. par le golfe de Guinée et la Guinée méridionale ; à l'E. par la Cafrerie.

Population. — 10,000,000 d'habitants.

On remarque dans la Guinée septentrionale les valeureux Aschantis, si terribles aux établissements anglais, et les Dahomiens, dits Spartiates de l'Afrique. On y trouve successivement la côte des Grains, celle des Dents, la Côte d'Or, celle des Esclaves, ainsi nommées par les objets de leur commerce ; les royaumes de Juda, Dahomé et de Benin, renommés par leur fertilité et leur population. Le Calabar, le Biafra et les bords du Gabon ; toute cette côte était couverte de petits forts ou comptoirs qui, avant l'abolition de la traite, étaient occupés par les Anglais, les Français, les Hollandais, les Portugais et les Danois. Dans les derniers temps, une foule d'Anglais se sont précipités sur les rives de Benin et de Dahomé, pour faire des découvertes dans l'intérieur de l'Afrique, presque tous ont succombé sous l'insalubrité mortelle des lieux.

Productions, commerce. — La poudre d'or est un des principaux articles du commerce de la Guinée ; l'indigo, le poivre, le coton et la canne à sucre y réussissent très-bien ; les forêts nourrissent de nombreux troupeaux d'éléphants, des tigres, des lions, des rhinocéros, et des serpents d'une grandeur prodigieuse.

GUINÉE MÉRIDIONALE ou CONGO.

Bornes. — Au N. la Guinée septentrionale, à l'O. l'Atlantique, au S. et à l'E. la Cafrerie.

Population. — 5,000,000 d'habitants.

La Guinée méridionale comprend les royaumes de Loango, Cacongo, Congo, Angola et Benguela.

Les Portugais, depuis la découverte de ce pays, ont une telle influence que, relativement aux autres nations européennes, ils peuvent en être considérés comme les maîtres. Saint-Salvador est le chef-lieu de leur domination.

Productions. — Toute la côte occidentale est arrosée de nombreuses et grandes rivières, et présente un sol susceptible des plus belles cultures, très-riche d'ailleurs en gomme, cire, dents d'éléphant, poudre d'or, etc. Ce pays nourrit une

grande variété d'animaux sauvages ; les principaux sont : les lions, les éléphants, les girafles,
les antilopes, les zèbres, les singes. Les fleuves
sont peuplés d'hippopotames et de crocodiles ;
on y voit aussi l'énorme serpent boa, beaucoup
d'insectes nuisibles, entre autres des moustiques,
dont la piqûre passe pour mortelle ; des fourmis
énormes, telles que l'insondi, qui se glisse dans la
trompe de l'éléphant et le fait mourir dans des
accès de fureur, et des salales qui réduisent en
poussière les marchandises, le meubles, et jusqu'aux charpentes des maisons.

POINTE MÉRIDIONALE.

LA COLONIE DU CAP AVEC LE PAYS DES HOTTENTOTS.

Bornes.——Au N. la Cafrerie ; à l'O., au S. et à
l'E. l'Océan.

La colonie du Cap, fondée par les Hollandais,
occupée aujourd'hui par les Anglais, offre maintenant une relâche après avoir été long-temps une
barrière.

Population. — 150,000 habitants.

Cette colonie est tout à-la-fois un excellent
point militaire, qui commande les mers de l'Inde,
et un établissement précieux d'agriculture et de
commerce, qui peut réunir le blé, les vins, la soie,
la laine, le coton, l'indigo, la cochenille, le
café, le sucre et le thé.

Les Indigènes sont les Hottentots ; ils entourent la colonie, et leurs diverses peuplades se pro-
pagent vers l'intérieur au-delà des connaissances
positives.

Villes. Le Cap, ville la plus méridionale de
l'Afrique, est le lieu de relâche pour tous les

vaisseaux qui vont aux Indes. On remarque au S. de cette ville le cap de Bonne-Espérance, qui fut découvert et doublé par les Portugais en 1497.

4° COTES ORIENTALES.

SIX SUBDIVISIONS.

Les Portugais, lors de la découverte du passage aux Indes par le S. de l'Afrique, s'établirent sur les côtes Orientales, et en sont demeurés depuis en possession. Leur politique a éloigné toute fréquentation et intercepté toute lumière ; elle a soigneusement gardé le secret de leurs forces, de leurs avantages dans ces contrées, ainsi que celui de toutes les découvertes qu'ils ont pu y faire, de sorte que, pour la côte Orientale, nous nous bornerons au peu que nous en disent les histoires générales, c'est-à-dire aux simples noms des subdivisions généralement reconnues, car on ne connaît guère que le rivage ; au-delà tout est incertitude, conjecture.

Cependant on est certain que toutes ces contrées de l'Afrique se ressemblent ; c'est la même température, le même sol, les mêmes productions, le même commerce, les mêmes peuples.

LA TERRE DE NATAL (1re subdivision).

Bornes. — Au N. les états de Monomotapa, à l'O. la Cafrerie, au S. la colonie du Cap, à l'E. l'Océan.

Cette côte est à peu-près déserte, occupée par les Cafres, qui harcèlent par fois la colonie du Cap.

L'EMPIRE DU MONOMOTAPA (2ᵉ subdivision).

Bornes. Au N. par la côte de Mosambique, à l'O. par la Cafrerie, au S. par la terre de Natal, à l'E. par le canal de Mosambique.

Dans les états du Monomotapa, on trouve du S. au N. la baie du Saint-Esprit, abondamment pourvue, et qui sert fréquemment de relâche aux pêcheurs de la baleine.

Dans ces états commence la domination portugaise, s'étendant sur 500 lieues de côtes; les Portugais y occupent Sofal sur la côte, et dans l'intérieur Séna, Tété, et Massapa. Cette dernière place leur garantit les riches mines d'or situées au pied du mont Furat.

LA COTE DE MOSAMBIQUE (3ᵉ subdivision).

Bornes. — Au N. par la côte de Zanguebar, à l'O. la Cafrerie, au S. les états du Monomotapa, à l'E. le canal de la Mosambique.

Les Portugais font de l'île de ce nom le centre et le chef-lieu de leurs forces, et occupent les forts de Guilimalé et Quérimbe. Les habitants sont nègres et idolâtres. Le sol, arrosé par un grand nombre rivières, est fertile, surtout en riz. Les forêts sont remplies d'éléphants.

LA COTE DE ZANGUEBAR (4ᵉ subdivision).

Bornes. — Au N. la côte d'Ajan, à l'O. la Cafrerie, au S. le Mosambique, à l'E. l'Océan Indien.

Les Portugais y régnent par les places de Zanzibar, Mont-Baza et Mélinde. Capitale : Magadoxo

Les habitants sont arabes mahométans et nègres idolâtres. La plus grande partie de ce pays est couverte de forêts où vivent de nombreuses troupes d'éléphants, qui fournissent beaucoup d'ivoire.

LES COTES D'AJAN ET D'ADEL (4ᵉ subdivision).

Bornes.— Au N. le golfe d'Aden ; à l'O. l'Abyssinie et la Cafrerie ; au S. le Zanguebar ; à l'E. la mer des Indes.

La côte d'Ajan est aride et déserte. La côte d'Adel est un pays marécageux et malsain. Les habitants sont arabes mahométans, gouvernés par un iman.

Les productions de ces côtes sont l'or, l'ambre gris, l'ivoire, la myrrhe et d'autres aromates.

L'ABYSSINIE (6ᵉ subdivision).

Bornes. Au N. la Nubie, à l'O. la Nubie et la Nigritie, au S. la Cafrerie et la côte d'Ajan , à l'E. la mer Rouge et le détroit de Bad-el-Mandeb.

Sous un christianisme défiguré par une foule de pratiques juives et superstitieuses, l'Abyssinie a toujours résisté à l'idolâtrie de l'Afrique et au mahométisme de l'Asie ; cet empire, jadis puissant, tombe aujourd'hui en dissolution sous les factions qui le déchirent.

Villes. — Gondar, capitale ; Axum.

Productions. — L'Abyssinie présente des montagnes élevées, des plaines arides, dont plusieurs sont couvertes de sel gemme, et des vallons très fertiles en blé, en riz, en millet, en sucre, en café, en fruits, en séné et en coton ; l'élévation du sol de cette contrée, les rivières, les pluies abondantes qui tombent en été et qui font déborder le Nil, rendent la température beaucoup moins chaude qu'en Égypte et en Nubie. De vastes forêts fournissent du bois d'ébène : elles sont peuplées de tous les animaux indigènes en Afrique.

LA NUBIE (7ᵉ subdivision).

Bornes. — La Nubie est bornée au N. par l'Egypte ; à l'O. par le désert du Sahara et la Nigritie ; au S. par l'Abyssinie ; à l'E. par la mer Rouge.

La Nubie termine enfin le contour de notre excursion sur les rives africaines, en nous ramenant à l'Égypte, point de notre départ.

La vallée du Nil et le royaume de Sennar, arrosés par de nombreux affluents de ce fleuve, sont très-fertiles. Hors de ces vallées, le pays est généralement, ou parsemé de déserts, ou hérissé de montagnes.

On trouve en Nubie les animaux les plus remarquables de l'Afrique : le lion, le tigre, le rhinocéros, l'éléphant, l'hippopotame et la giraffe.

On tire de la Nubie, de l'or, du bois de sandal et d'ébène, des dattes, des dents d'éléphant.

LES PARTIES INTÉRIEURES.

TROIS SUBDIVISIONS.

Les parties intérieures sont plus grandes que tout le reste de l'Afrique. Elles offrent trois subdivisions dont le caractère distinctif est de présenter d'immenses déserts inhabitables, de vastes contrées à peine visitées, ou tout-à-fait inconnues.

SAHARA ou GRAND DÉSERT.

Bornes. — Au N. la Barbarie ; à l'O. l'Atlantique ; au S. la Nigritie ou Soudan ; à l'E. l'Egypte et la Nubie.

Le Sahara ou Grand-Désert, aussi étendu que la moitié de l'Europe, véritable mer dont un sable mouvant forme les vagues ; dont les chameaux sont les navires ; les caravanes, les convois ; les Maures, les forbans, et les oasis les relâches. Cette mer a ses tempêtes, ses trombes et ses ouragans ; des caravanes entières ont disparu sous ses flots irrités. Le Grand-Désert sépare précisément la race maure de la race nègre ; il va en pente de l'O. à l'E. et du N. au S., ce qui rend les oasis plus communes vers l'Orient.

Cette zone stérile et maudite, vraie mer de sable, est comme parsemée d'îles qui, sous le nom d'Oasis, présentent une demeure aux tribus nomades d'Arabes et une relâche aux voyageurs.

Les uns et les autres ne les parcourent, la plupart du temps, que comme les navigateurs, à l'aide des étoiles et de la boussole, pour y faire paître leurs chameaux.

Ces Oasis, bienfait de la Providence, recèlent de l'eau et prodiguent de l'ombrage ; elles sont d'une terre productive et féconde : les unes sont occupées par des habitants sédentaires, d'autres sont le partage de tribus nomades.

On distingue surtout les Touariks à l'O. et les Tibous à l'E.

De grandes et nombreuses caravanes parcourent ces plages désolées dans diverses directions.

Les caravanes de Maroc à Tombouctou emploient cinquante jours ; celles d'Alger, de Tunis et de Tripoli, vers le Niger et le Bournou, plus de quatre-vingts ; celles du Caire, les plus éloignées et qui relâchent à Mourzouck, au Fezzan, en emploient plus de cent.

Les seuls arbres précieux qui croissent dans le Sahara, sont les palmiers-dattiers, dont le fruit sert de nourriture aux habitants des oasis.

NIGRITIE ou SOUDAN.

Bornes. — Au N. le Sahara ; à l'O. la Séné-gambie ; au S. la Cafrerie ; à l'E. la Nubie.

La Nigritie ou le Soudan, qui succède au désert, est la vraie patrie des Nègres. La chaleur est excessive, le sol en général fertile et les produc-tions abondantes. Une foule de peuplades et d'é-tats divers remplissent cette vaste étendue. Tom-bouctou, Sackatou, Bournou, sur le lac Tchad, ont été long temps les plus considérables.

La Nigritie renferme des mines de fer qui sont exploitées ; on y recueille aussi de l'or ; on y récolte une grande quantité de riz, de coton, de chanvre et d'indigo. On y trouve presque tous les animaux domestiques, ainsi que les bêtes sauvages d'Afrique, telles que le lion, la girafe, l'hippopotame, la gazelle, etc. Ce pays est in-festé de crocodiles, de serpents, de scorpions et de sauterelles.

CAFRERIE.

Bornes. — Au N. la Nigritie ; à l'O. la Guinée méridionale et l'Atlantique ; au S. le pays des Hottentots ; à l'E. les possessions portugaises.

La Cafrerie comprend toutes les contrées inconnues du centre de l'Afrique.

AMÉRIQUE.

Histoire de la découverte de l'Amérique par Christophe Colomb.

Presque toutes les grandes découvertes ont été
dues au hasard ; celle du Nouveau-Monde fut
uniquement le fruit du génie et de la combi-
naison.

Le génois Christophe Colomb, par cette jus-
tesse d'esprit et de raisonnement que donnent
les connaissances mathématiques, calcula très-
bien que si notre terre était un globe, comme
cela lui demeurait prouvé, on n'en connaissait encore qu'une partie, et qu'en partant de la nôtre,
et gouvernant toujours vers l'occident, il devait,
ou rencontrer de nouvelles terres ou arriver aux
côtes orientales de l'Asie. Frappé d'une idée aussi
heureuse et aussi simple, il s'adressa successivement à Gênes sa patrie, à la France, à l'Angleterre et au Portugal, demandant partout qu'on
lui donnât les moyens d'exécuter ce qu'il avait
conçu ; mais partout il fut repoussé comme un
insensé, tant les vieilles erreurs ont d'avantages
sur des vérités nouvelles. Enfin l'opiniâtre Colomb, après huit ans de sollicitations, l'emporta
auprès de la reine Isabelle de Castille. Il partit en
1492, avec quelques petits vaisseaux abandonnés
à ses importunités plutôt que confiés à sa sagesse, et,
après une navigation de trente-trois jours, pendant
lesquels les mutineries continuelles de son équi-

page, qui le regardait comme un fou, l'avait exposé à un danger journalier, il aborda à une île des Lucayes, que sa situation personnelle lui fit appeler San-Salvador, car il allait infailliblement périr de la main de ses gens, s'il n'eût enfin rencontré la terre. De cette petite île insignifiante, Colomb aborde dans une autre grande et peuplée, abondante en or et en productions de toute espèce : elle s'appelait Haïti ; il lui donna le nom d'Hispaniola, c'est celle qu'on a nommée Saint-Domingue. L'heureux amiral retourne alors en Europe. Qu'on juge si l'on peut de sa joie, de sa satisfaction, de sa gloire, lorsque ses premières paroles proclamèrent à l'ancien monde l'existence du nouveau ! Son débarquement occasionna un vrai délire, et sa route, au travers de l'Espagne, fut un triomphe. Voila l'histoire de la découverte de l'Amérique, ainsi nommée d'un Florentin appelé Améric Vespuce, lequel ayant parcouru ces côtes quelques années après, et en ayant publié les premières cartes, enleva à Colomb l'honneur mérité de lui donner son nom. Ainsi, comme le dit un historien, le premier instant où l'Amérique fut connue du reste de la terre, fut marqué par une injustice ; présage fatal de toutes celles dont ce malheureux pays devait être le théâtre. Le bon, l'honnête, le digne Colomb mourut en Espagne, en 1506, après quatre voyages consécutifs, entremêlés de tout ce que l'envie, l'ingratitude et les injustices ont de plus amer.

Étendue.—L'Amérique, terre des républiques, renferme 2,000.000 de lieues carrées ; elle est soixante-treize fois plus grande que la France, et environ les deux septièmes des terres du globe.

Bornes. — Au N. l'Océan polaire et ses glaces éternelles ; à l'E. l'Océan Atlantique ; au S. l'Océan austral ; à l'O. le Grand-Océan Pacifique.

Formes. — L'Amérique est toute en longueur ; vers son milieu elle se rétrécit infiniment, envahie par les deux Océans, et ne se continue qu'à l'aide de l'isthme de Panama, très-étroit, ce qui la divise en septentrionale et méridionale.

Mers. — Après celles qui sont citées pour les bornes, l'Amérique est encore baignée par la mer de Baffins, au N. la mer des Antilles, qui s'enfonce dans les deux Amériques, et la mer de Béhéring à l'O.

Détroits. — Les principaux détroits de l'Amérique, sont : le détroit de Béhéring, entre l'Asie et l'Amérique ; les détroits de Lancaster, de Davis, de Cumberland et d'Hudson, au N. de l'Amérique anglaise ; le détroit de Belle-Ile, à l'E. de l'Amérique anglaise ; le canal de Bahama, au S. des États-Unis ; les détroits de Magellan et de Le Maire, dans l'Amérique méridionale, au S. de la Patagonie.

Golfes. — Les cinq principaux golfes de l'Amérique, sont : la baie d'Hudson, formée par la mer de Baffins ; le golfe de Saint-Laurent, formé par l'Océan Atlantique ; le golfe du Mexique et le golfe d'Honduras, formés par la mer des Antilles ; le golfe de Californie, ou mer Vermeille, formé par le Grand-Océan.

Les six petits sont : les baies de Fundy, de Délaware et de Chésapeak ; à l'E. les États-Unis ; les golfes de Darien et de Maracaïbo au N. de la

Colombie ; le golfe de Guayaquil, formé par le Grand-Océan, à l'O. de la Colombie ; la baie de tous les Saints, à l'E. du Brésil ; la baie de Saint-Georges, à l'E. de la Patagonie.

Presqu'îles. — Les presqu'îles les plus remarquables de l'Amérique, sont : le Labrador et la nouvelle Ecosse ou Arcadie, à l'E. de l'Amérique Anglaise ; la Floride, au S.-E. des États-Unis ; la Californie et le Yucatan, dans le Mexique ; la presqu'île d'Alaska, dans l'Amérique russe, au S.-O.

Caps. — Les principaux caps de l'Amérique, sont : le cap Farewell, au S. du Groënland ; le le cap Charles, à l'E. du Labrador ; le cap Saint-Roch, à l'E. du Brésil ; le cap Horn, au S. de la Terre de Feu ; le cap Saint-Lucas, au S. de la Californie.

Montagnes principales. — Les Andes ou Cordillères, la chaîne la plus longue, la plus élevée, la plus continue, la mieux dessinée du globe, parcourt, dans la direction des pôles, toute la longueur du Nouveau-Monde. Partant de l'extrémité du S. de l'Amérique méridionale, elle s'accole constamment et de très près à l'Océan occidental, auquel elle oppose une barrière et ne s'en éloigne que fort peu, lorsque, parvenue dans l'Amérique septentrionale, elle va gagner l'extrémité du N. où elle prend le nom de Montagne Pierreuse.

Dans les parties les plus hautes de cette chaîne, on distingue par-dessus tout le fameux Chimboraço, haut de 3,300 toises, et les deux autres pics du Titicaca, hauts de 3,750 et 4,000 toises près de l'équateur au Pérou ; là, sous la ligne même, les saisons se trouvent comme superposées par échelons, et des neiges perpétuelles couvrent les sommités sous les voûtes embrasées de la zone torride ; à l'E. des États-Unis, et parallèlement aux côtes, sont les monts Alléghany et les monts du Brésil.

La chaîne des Andes présente, jusqu'à présent, les plus grandes richesses métalliques connues. Au Mexique, dans le voisinage du tropique, à Catarce et Guanaxuato, est le groupe le plus riche du globe, et, soit pur hasard ou analogie, non loin de l'autre tropique, le Pérou présente un pareil phénomène par ses célèbres mines de Potosi. Les monts du Brésil sont aussi très riches en mines de diamants. On estime que le seul Potosi a jeté, depuis 1545, dans la circulation, au-delà de huit milliards.

Fleuves. — Il y a cinq grands débouchés fluviaux très remarquables.

1° Le fleuve Saint-Laurent, formé principalement par une longue suite de lacs se déversant l'un dans l'autre, arrose l'Amérique anglaise et tombe dans le golfe de Saint-Laurent.

2° Le Mississipi arrose les États-Unis et débouche dans le golfe du Mexique, fleuve magnifique, navigable plus de 500 lieues. Ses innombrables affluens, sont : le Missouri, autre fleuve non-moins magnifique ; l'Arkansas et la rivière Rouge, à la gauche ; le Ténessée et Lohio à la droite, etc.

Le Mississipi est le réceptacle de toutes les eaux de l'immense vallée renfermée entre les montagnes Pierreuses et la chaîne Alleghany. Ce sont des sources de richesses pour ce beau terrain, et des moyens de communication, surtout avec les bateaux à vapeur, dont les Etats-Unis furent les inventeurs ; et les chemins de fer qu'on y compte par milliers de lieues.

3° L'Orénoque, dans l'Amérique méridionale, arrose la partie orientale de la Colombie.

4° L'Amazone traverse le Pérou et le Brésil, est le réceptacle des pluies de la zone torride, le plus étendu, le plus ramifié des écoulements du globe, long de plus de 1800 lieues, navigable plus de 1000, large à son embouchure de plus de 90.

5° La Plata, formée du Paraguay, du Parana et de l'Uraguay qui arrosent le Brésil, le Paraguay et la république de la Plata.

Lacs. — Le nord de l'Amérique septentrionale offre, par l'immensité de ses lacs, la plus grande masse d'eau douce du globe ; les principaux sont, dans le bassin du Saint-Laurent, les lacs Supérieur, Michigan, Huron, Érié, Ontario : la communication des deux derniers amène le fameux saut de Niagara, haut de 150 pieds ; le lac Champlain : ils s'écoulent dans l'Océan Atlantique par le fleuve Saint-Laurent. Les lacs de Rennes, de Wollaston, des Montagnes, de l'Esclave, de l'Ours, s'écoulent par la Mackensie, dans l'Océan glacial ; les lacs de la Pluie, des Bois, Winipec, s'écoulent par le Nelson et tombent dans la baie d'Hudson.

Le reste de l'Amérique en offre fort peu ; on ne remarque que le lac Nicaragua, célèbre par ses volcans et la facilité qu'il présente à la jonction des deux Océans, au S. de l'Amérique septentrionale ; le lac Maracaybo, au N. de la Colombie et le lac Titicaca, au S. du Pérou.

Volcans. — L'Amérique septentrionale étant la région des lacs, qui y sont innombrables, dans l'Amérique méridionale se trouve la région des volcans qui s'y répètent à l'infini ; ils sont les plus terribles du globe et indubitablement les résultats et les agents des nombreux et effroyables tremblements de terre qui désolent ces régions. Le Mexique, Guatimala, la Colombie, le Pérou, le Chili, en sont comme parsemés. On remarque surtout le Cotopaxi et le Pichincha, au N. du Chimboraço. On en trouve encore dans l'Amérique russe.

Productions de l'Amérique. — Les trois règnes. — L'Amérique, dès l'instant de sa découverte tomba sous la domination de l'Europe. Depuis, nos relations avec elle ont été si multipliées qu'on y a transporté, acclimaté et naturalisé la totalité de nos animaux et de nos végétaux, avec d'autant plus de succès que ce pays, par son immense étendue, a pu offrir à chacun de ces objets le sol et la température qui lui était le plus favorable.

Animaux. — Les loups noirs et rouges, le chinchilla, les ours, les castors, le chien des Esquimaux et de Terre-Neuve, le buffle ou bison, analogue à notre bœuf ; le dindon, faussement attribué à l'Inde ; le serpent à sonnettes, les tigres, les lions ; le caïman, analogue du crocodile ; le lama et la vigogne, analogues de nos bêtes à laine ; la sarigue, le colibri, l'oiseau mouche, le condor, des perroquets et des singes à l'infini, etc.

Minéraux. — L'or et l'argent furent trouvés en si grande abondance en Amérique, qu'on peut regarder ce pays comme la patrie de ces riches métaux : on y a trouvé le platine, les diamants, les perles ; elle possède aussi le fer, le cuivre, le mercure, les charbons de terre, etc.

Végétaux. — Le tabac, l'indigo, la cochenille, les cotons, le quinquina, la pomme de terre, le maïs ; l'herbe du Paraguay, analogue du thé, etc. La pomme de terre, le maïs et le tabac sont indigènes.

Population. — 40,000,000 d'habitants, dont quinze millions appartiennent à la race blanche européenne, dix millions à la race jaune américaine, sept millions et demi à la race nègre africaine et autant aux races mélangées, issues des trois autres ; sur ce nombre, vingt-sept millions sont catholiques, douze millions protestants et le reste idolâtres.

Division. — L'Amérique se divise naturellement en deux grandes presqu'îles réunies par l'isthme de Panama. Celle qui est située vers le N. se nomme Amérique septentrionale, et celle située vers le S. Amérique méridionale. L'Amérique septentrionale se divise en cinq états, savoir : l'Amérique russe, l'Amérique anglaise, les républiques des États-Unis, du Mexique et de Guatimala. L'Amérique méridionale se compose des républiques de Colombie, du Pérou, de Bolivia, du Chili, de Rio de La Plata, la Cisplatine, le dictatorat du Paraguay, l'empire du Brésil, la Patagonie au S., la Guyane au N. ; dans lOcéan, la république de Haïti et les colonies européennes.

Amérique septentrionale.

AMÉRIQUE RUSSE.

70,000 lieues carrées, 51,000 habitans. Villes : Kodiac, chef-lieu ; Sitka, ou N. Archangel.

Bornes. — Au N. l'Océan glacial arctique ; à l'O. le détroit et la mer de Béhéring ; au S. le Grand-Océan ; à l'E. l'Amérique anglaise.

Notions diverses. — Pays à peine connu, découvert de 1728 à 1817, par Béhéring, Cook, La Pérouse, Vancouver. Pays encore dans l'état primitif ; hordes sauvages courant après les animaux à fourrure, où l'on trouve quelques forts et comptoirs russes pour s'assurer le pays et le commerce.

Productions, commerce et curiosités. — Ours, renards, lynxs, martres, phoques, baleines ; sapins, érables, chênes.

Volcans nombreux, neiges et glaces éternelles.

AMÉRIQUE ANGLAISE, ou CANADA.

Surface indéfinie, 700,000 habitants. Villes : Québec, capitale ; Montréal, Halifax.

Bornes. — Au N. le détroit, la baie d'Hudson et l'Océan glacial arctique ; à l'O. l'Amérique russe ; au S. les Etats-Unis ; à l'E. l'Océan atlantique.

Notions diverses. — Plaines ondulées ; multitude de lacs : découvert de 1497 à 1830, par Cabot, Hearn, Ross, Francklin, etc. Tribus sauvages, exploitées par les compagnies anglaises. Le Canada et l'Acadie furent colonisés par les Français, qui fondèrent Québec en 1608. Les Anglais la conquirent en 1760, et depuis ils ont étendu leurs possessions dans tout le nord de l'Amérique. Le Labrador est à peine exploré.

Productions, commerce, curiosités. — Cet immense terrain est peuplé de cygnes, élans, castors, ours, renards, loutres, martres, lièvres, rats musqués, etc. Pêche de la morue. On y trouve du fer, du cuivre, des pelleteries ; on y voit les plus grands lacs connus et le saut du Niagara, formé par les eaux qui s'écoulent du lac Érié dans le lac Ontario.

RÉPUBLIQUE DES ÉTATS-UNIS.

280,000 lieues carrées, 14,000,000 d'habitants protestants. Villes remarquables : New-York, Philadelphie, Boston, Baltimore, Nouvelle-Orléans fondée par les Français. Capitale : Washington.

Bornes. — Au N. l'Amérique anglaise, à l'O. le Grand-Océan et le Mexique, au S. le golfe du Mexique, à l'E. l'Océan atlantique.

Notions. — La partie orientale des Etats-Unis appartenait autrefois aux Anglais. Les colons se soulevèrent en 1775 contre la métropole, et furent soutenus par la France ; l'Angleterre reconnut leur indépendance en 1783. Cette république s'est accrue plus tard par la Louisiane, qu'elle a achetée à la France en 1803, et de la Floride, qu'elle a enlevée à l'Espagne : elle est composée de vingt-quatre états indépendants, ayant chacun leur gouvernement particulier, mais dont les intérêts généraux sont réglés et administrés par un congrès composé d'un sénat et d'une chambre de représentants, et par un président élu pour quatre ans.

Neuf à dix fois l'étendue de la France, les Etats-Unis ont un sol admirablement fertile embrassant la zone tempérée, et pouvant réunir ainsi presque toutes les productions du globe ; d'innombrables et majestueuses rivières débouchant sur toutes les faces ; défendus au nord par la région des glaces, ouverts au midi à toutes les richesses de l'équateur ; flanqués à l'est et à l'ouest par deux Océans ; à 25 journées de l'Europe et à 50 de l'Asie ; sans voisins dangereux, à l'abri de toute invasion sérieuse, libres dans leur sphère politique ; quatorze millions d'hommes, de cette race européenne, si entreprenante, si active, si ingénieuse, s'agitent sur cette vaste contrée, secondés, aiguillonnés par les lois, les institutions les plus libres qu'eut jamais association humaine ; leurs efforts, leur intelligence, leur industrie enfante des prodiges. Au dehors, une foule de vaisseaux parcourent toutes les mers ; au dedans, les déserts se peuplent, les forêts disparaissent, des champs les remplacent ; les cités, les états mêmes surgissent comme par enchantement. On y fonde des villes comme nous bâtissons des maisons de campagne, et l'on s'y plaît à les décorer bizarrement de noms empruntés à tous les pays et à tous les âges : Rome, Utique, Vincennes, Francfort, Athènes, Marengo y figurent.

De nombreux canaux artificiels y joignent chaque jour des lacs, des fleuves et des mers, prolongeant de la sorte, par centaines de lieues, les communications intérieures, et multipliant les débouchés maritimes ; les courants, les vents y disparaissent devant la navigation à vapeur ; la littérature, les arts, les inventions y prennent le niveau de notre Europe. La population double à peu près tous les vingt ans et avec elle s'accroissent encore les efforts et les résultats pour l'avenir.

Les revenus de l'Union laissent sur les dépenses un excédant considérable. Ces revenus ne sont qu'une simple perception de douanes et la vente des terres appartenant à l'Union ; point de charges sur les terres, ni autres taxes directes qui restent des ressources au besoin. Les dépenses ne vont pas à cent millions, le dixième des nôtres et le quinzième de celles d'Angleterre, et cependant les Etats-Unis accroissent leur armée, augmentent leur flotte, bâtissent des arsenaux, élèvent des forteresses, creusent des canaux, tracent des grandes routes ; mais aussi quelle simplicité dans les mesures, quelle économie dans la dépense, quelle fidelité dans l'emploi, quelle rigueur dans les comptes et quel modèle pour tous les gouvernements !

Des escadres de l'Union parcourent tous les parages et stationnent dans la Méditerranée, en Afrique, dans l'Inde, en Chine, et jusques par delà le cap Horn, dans l'Océan-Pacifique.

Productions, commerce. — L'immense territoire des Etats-Unis offre toutes les productions de
l'Europe ; du sucre, du coton, de l'indigo, etc.;
le fer, le cuivre, le plomb, la houille, y sont
en abondance. Le commerce est des plus florissant avec tous les pays.

De la population indienne ou sauvage, et de ses rapports avec les Etats-Unis.

De nombreuses tribus sont soumises aux Etats-
Unis, qui n'affectent que la haute souveraineté
du sol ; ils reconnaissent aux indigènes la propriété de la terre ; ils les abandonnent entièrement
à eux-mêmes et les laissent libres de tous leurs
actes ; ne considérant au fait le terrain et les in-
dividus que comme autant d'objets incultes en
réserve pour l'avenir, à mesure qu'on pourra y
avancer le défrichement et introduire la civilisation. Quoi qu'il en soit, les sauvages, devenus membres de la grande famille, ont un droit spécial à
la sollicitude du gouvernement.

Des sociétés particulières se sont formées pour
améliorer leur sort ; des missionnaires sont expé-
diés pour leur prêcher des vérités religieuses ; des
écoles sont établies pour instruire gratuitement
leurs enfants ; des colonies (ou échantillons-mo-
dèles) sont jetées au milieu d'eux pour leur faire
connaître les arts mécaniques et les bienfaits de la

civilisation, en les attachant au sol et en leur donnant le spectacle des jouissances domestiques ; des
sommes considérables sont annuellement consen-
ties pour ces objets ; des mesures sévères veillent à
ce que la justice soit observée par les blancs, dans
tout commerce avec eux, et surtout à ce qu'on leur
procure le moins possible ces liqueurs fortes dont
ils sont si avides, et qui leur sont si funestes. A
mesure que la population blanche s'avance dans
leurs déserts, les États-Unis achètent des naturels
la propriété du sol : ces derniers s'éloignent vers
l'occident s'ils persistent dans leur vie errante et
dans leurs mœurs de chasse et de pêche, ou bien
ils se réservent sur les lieux même des propriétés
particulières, sur lesquelles ils se fixent, au milieu
des mœurs nouvelles dont ils se trouvent dès-
lors entourés.

TABLEAU Analytique des vingt-quatre États-Unis de l'Amérique du Nord.

Les treize États primitifs sont dans leur ordre géographique du N. au S., les onze nouveaux sont dans leur ordre d'admission.

ÉTATS.	SIÈGE des GOUVERNEMENTS.	POPULATION.			ASPECT DU PAYS, PRODUCTIONS ET COMMERCE.
		RACE EUROPÉENNE.	ESCLAVES.	INDIENS.	
1 New-Hampshire..	Concord........	300,000	»		La Suisse des États-Unis ; céréales, pâturages, troupeaux.
2 Massachussetts..	Boston.........	700,000	»		Inégal ; céréales, pêcheries, fer, marbre, commerce lointain.
3 Rhode-Island...	Providence.....	110,000	50		Climat d'Angleterre ; pâturage, bétail renommé, manufactures.
4 Connecticut...	Hartfort.......	320,000	100		Pays varié ; céréales, bétail, fer, manufacture, commerce.
5 New-Yorck.....	Albany.........	2,300,000	10,088	6,175	Agricole, manufacturier, centre du commerce de l'Union.
6 Pensylvanie....	Harrisboury....	1,500,000	210		Céréales estimées, fer, charbon.
7 New-Jersey ...	Trenton........	350,000	7,550		Varié ; riche en fruits, céréales, bétail, fer en abondance.
8 Delaware......	Dover..........	89,000	10,000		Plat vers la mer, souvent inondé, peu salubre ; blé estimé.
9 Mariland......	Annapolis......	407,300	107,400		Inégal ; céréales, tabac, coton, fer, grand commerce.
10 Virginie......	Richmont.......	1,000,000	425,000		Varié ; céréales, fer, eaux minérales, tabac, coton, commerce.
11 Caroline du Nord	Raleigh........	639,000	205,000		Insalubre vers la côte ; forêts de pins, riz très estimé.
12 Caroline du Sud.	Columbia.......	502,700	258,472	12,995	Parfois malsain ; coton, riz, maïs, tabac, indigo, goudron.
13 Georgie.......	Milledgeville...	311,000	150,000		Haut et bas pays ; céréales, riz, coton, oranges, olives, marais salants.
14 Vermont.......	Montpellier....	330,000	»		Hautes montagnes, climat froid, très-fertile ; céréales.
15 Kentucky.....	Francfort......	673,300	126,700		Coupé, montagneux, tempéré ; agricole, sources salées.
16 Tennessée.....	Murfresbor.....	820,000	80,000		Coupé par une chaîne de montagnes ; céréales, coton, tabac.
17 Ohio.........	Colombus.......	1,300,000	»		Plat, marécageux, fertile ; houille, salines, manufactures.
18 Louisiane.....	Nouvelle-Orléans..	430,000	70,000		Débordements périodiques ; coton, sucre, riz, tabac, indigo.
19 Indiana.......	Indianapolis....	550,000	200		Excellentes prairies, bois immenses, blé, vigne, charbon.
20 Mississipi....	Monticello.....	75,500	32,800	67,460	Uni, fertile ; prairies, céréales, coton, sucre, etc.
21 Illinois......	Vandalia.......	320,000	1,000		Ondulé ; prairies immenses, charbon, cuivre, sel, coton.
22 Alabama.......	Cahawba........	130,000	41,800		Le jardin de l'Amérique, climat délicieux ; coton, sucre, etc.
23 Maine........	Portland.......	555,000	»		Élevé, âpre, stérile sur la côte, excellent ailleurs ; pêcheries.
24 Missouri......	Jefferson......	240,000	10,200		Productif à l'E., stérile à l'O. ; céréales, plomb, fourrures.
District fédéral..	Washington.....	35,000	6,000		Siège du gouvernement central.

SUITE DU TABLEAU Analytique des vingt-quatre États Unis de l'Amérique du Nord.

ÉTATS.	SIÈGE des GOUVERNEMENTS.	POPULATION.			ASPECT DU PAYS, PRODUCTIONS ET COMMERCE.
		RACE EUROPÉENNE.	ESCLAVES.	INDIENS.	
Territoires communs à toute l'Union destinés à former des États nouveaux à mesure que la population requise le permettra.					
I. Florides.........	Saint-Augustin....	10,000	»	5,000	Sablonneux, peu cultivé; climat et produits des tropiques.
II. Michigan.......	Détroit...........	9,000	»	28,000	Terrains d'alluvion, encore à peu près incultes, bordés de côtes.
III. Nord-Ouest...	....	»	»		Entre les lacs et le Mississipi: la civilisation s'y introduit.
IV. Missouri......	....	»	»	3o5,2co	Plaines immenses, magnifiques, encore dans l'état de nature.
V. Arkansas......	Arkopolis........	7o,000	1,6oo		Pays admirable, traversé par les plus belles rivières.

RÉPUBLIQUE DU MEXIQUE.

76,000 lieues carrées, 7,000,000 d'habitants, tous catholiques.

Bornes. — Au N. les Etats-Unis, à l'O. le Grand-Océan, au S. le Grand-Océan et le Guatimala, à l'E. le golfe du Mexique et les États-Unis.

Capitale : Mexico. Villes : Cinaloa, Santa Fé, Vera-Cruz, Puébla, Acapulco, Oaxaca.

Notions. — Le Mexique fut soumis à l'Espagne en 1522, par Fernand Cortez, qui, avec quelques centaines d'hommes, s'empara de la belle ville de Mexico et conquit un empire florissant.

En 1820, le Mexique s'est détaché de l'Espagne et a formé un état indépendant. C'est maintenant une république fédérative de dix-neuf états, calquée sur celle de États-Unis.

Productions, commerce. — Animaux et productions d'Europe et des tropiques ; cochenille, cacao, vanille, indigo, café, coton, oliviers, vignes ; mines des plus riches ; volcans nombreux.

La presqu'île du Yucatan, où les Anglais ont des établissements, est riche en bois de teinture, connus sous le nom de bois de Campêche.

RÉPUBLIQUE DE GUATIMALA.

16,000 lieues carrées, 1,400,000 habitants, tous catholiques.

Bornes. — Au N. le Mexique, au S. et à l'O.

le Grand-Océan, à l'E. l'isthme de Panama et la mer des Antilles.

Capitale : Guatimala. Villes : Saint-Salvador, Léon.

Notions. — Le Guatimala a longtemps appartenu à l'Espagne et faisait partie du Mexique ; il forme, comme les États-Unis, une république fédérative.

Productions, commerce. — Son climat et ses productions sont à peu près les mêmes qu'au Mexique, les métaux sont moins abondants ; bois de teinture, jalap, baume, résine. Volcans, gouffres enflammés et violents tremblements de terre.

Amérique méridionale.

RÉPUBLIQUE DE COLOMBIE.

94,000 lieues carrées, 2,800,000 habitants, tous catholiques.

Bornes. — Au N. la mer des Antilles, à l'O. le Grand-Océan, au S. le Pérou et le Brésil, à l'E. la Guyanne et l'Océan-Atlantique.

Capitale : Bogota. Villes : Caraccas, Quito, Panama, Carthagène, Maracaybo, Cumana, San-Fernando.

Notions. — Pays découvert par Colomb, la plus illustrée des nouvelles républiques sous le libérateur Bolivar, par sa longue lutte et ses vicissitudes.

Productions, commerce. — Productions des tropiques ; bétail d'Europe ; ours des Andes, singes ; cacao, sucre, café, indigo, tabac ; or, argent, platine, émeraudes.

LA GUYANE.

(Anglaise, Hollandaise et Française).

Bornes. — Au N. et à l'E. par l'Océan atlantique, au S. le Brésil, à l'O. la Colombie et le Brésil.

Capitales : Anglaise, Essequebo ; Hollandaise, Paramaribo ; Française, Cayenne, dans une île près de la côte.

Aspect et productions. — L'île de Cayenne a environ quinze lieues de tour : elle est fort malsaine ; mais elle a quelques bons ports. Les établissements produisent du sucre et du café.

L'intérieur de la Guyane est peu connu, et est habité par des tribus indiennes ; les Galibis forment la principale.

Le café, le sucre, le coton, le cacao, sont ses productions.

Dans le voisinage de la Guyane, il y a le désert brûlant de Lanos, de 2,000 lieues carrées.

RÉPUBLIQUE DU PÉROU.

26,000 lieues carrées . 1,500,000 habitants. La religion catholique y est seule tolérée.

Bornes. — Au N. la Colombie, à l'O. le Grand-

Océan, au S. la république de Bolivia, à l'E. le Brésil.

Capitale, Lima. Villes remarquables : Truxillo, Arquipa, et Cusco, capitale des Incas avant la conquête des Espagnols.

Notions. — Le Pérou, avant la découverte de l'Amérique, formait un empire puissant et civilisé, dont les souverains étaient appelés *Incas.* On les regardait comme les fils du soleil. L'or était si abondant au Pérou, que les Espagnols, à leur arrivée, le trouvèrent employé aux plus vils usages.

François Pizarre, en 1524, avec deux cent cinquante fantassins, soixante cavaliers et quelques pièces d'artillerie, fit la conquête de cette riche contrée, qui resta soumise à l'Espagne jusqu'en 1821. À cette époque elle se révolta contre la métropole et se constitua en république.

Productions, commerce. — Des quadrupèdes qui nous étaient étrangers ; les lamas, la vigogne, qui produisent la plus belle laine ; sucre, coton, tabac, quinquina ; or, argent, mercure, émeraudes. On en exporte des vins, des eaux-de-vie du sucre ; du quinquina, des laines de vigogne et toutes les productions des climats les plus variés.

RÉPUBLIQUE DE BOLIVIA.

1,200,000 habitants, tous catholiques.

Bornes. — Au N. le Brésil et le Pérou, à l'O. le Pérou et le Grand-Océan, au S. la Plata, à l'E. le Brésil.

Villes : La Plata, la Paz, Santa-Cruz, Potosi.

Notions. Cet état avait été joint pendant quelques années au gouvernement de Buénos-Ayres ; en 1825, cinq provinces s'en détachent et se donnent le nom de Bolivia, en l'honneur de son fondateur.

Productions, commerce. — Abondance d'or, d'argent, d'étain ; la vigne, l'olivier, le palmier, le quinquina. On trouve sur les montagnes plusieurs espèces de bois incorruptibles.

RÉPUBLIQUE DE CHILI.

14,000 lieues carrées, 1,200,000 habitants, professant la religion catholique.

Bornes. — Au N. Bolivia, à l'O. le Grand-Océan, au S. la Patagonie, à l'E. la Patagonie et la Plata.

Capitale : Saint-Iago. Villes : la Conception, Valdivia. On remarque aussi les îles de Chiloé, au S. du Chili, et les îles de Juan-Fernandez.

Notions. — Le Chili est une langue resserrée par les Andes et la mer ; cols étroits dans les Andes. Les Indigènes, nommés Araucaniens, n'ont jamais été soumis par les Espagnols. Ce pays, en 1821, a rompu les liens qui l'unissaient à l'Espagne et s'est fait une constitution modelée sur celle des États-Unis.

Productions, commerce, curiosités. — On y trouve la vigogne, le lama, le condor, l'autruche, le flamand, le colibri, le pélican. On tire de cette république beaucoup de cuivre, de l'or, de l'argent, des topazes, des rubis, des saphirs. Il y a

quatorze volcans en activité et des tremblements de
terre fréquents.

RÉPUBLIQUE DE RIO DE LA PLATA.

66,500 lieues carrées, 800,000 habitants : la religion catholique y est dominante, mais les autres
cultes y sont tolérés.

Cette république a été long-temps déchirée par
les unitaires et les fédéralistes.

Bornes. — Au N. Bolivia, à l'E. la Cisplatine
et l'Océan Atlantique, au S. la Patagonie, à
l'O. le Chili.

Capitale : Buenos-Ayres ; port très commerçant à l'embouchure de la Plata. Villes principales : Cordova, San-Miguel, Salta, Rioja,
Saint-Louis.

Aspect. — Vastes plaines à l'ouest et au sud,
marécageuses, arrosées au nord par les eaux qui
composent la Plata.

Productions. — Bœufs, chevaux sauvages ; sucre, vignes, oliviers ; or, argent, cuivre ; pam-
pas, herbes fort hautes que l'on trouve dans des
plaines immenses : ce sont les steppes de la Sibérie.

RÉPUBLIQUE DE CISPLATINE.

70,000 habitants ; tous les cultes y sont tolérés.

Portion de Buénos-Ayres, démembrée par la
fureur des partis.

Bornes. — Au N. le Paraguay, à l'E. et au S.
l'Océan-Atlantique, à l'O. la Plata.

Capitale : Montévidéo, bon port près de l'embouchure de la Plata.

Aspect. — Plaine fertile non cultivée, bien située pour la navigation.

Productions. — Innombrables chevaux, ânes et bœufs sauvages ; les chevaux sauvages sont atteints et domptés par le terrible lacet des Gauchos, admirables cavaliers.

DICTATORAT DU PARAGUAY.

500,000 habitants ; la religion catholique y est seule admise.

Siége du fameux établissement des jésuites, qui dura quatre-vingts ans. Ils apprirent aux Indiens à vivre du travail de leurs mains.

Bornes. — Au N. Bolivia et le Brésil, à l'E. le Brésil, au S. Cisplatine et la Plata, à l'O. Bolivia.

Capitale : l'Assomption.

Aspect. — Pays des plus favorisés, entouré et traversé par les plus belles rivières.

Productions. — Tabac, coton, sucre, et la fameuse herbe du Paraguay, qui égale le thé, si elle ne lui est pas supérieure.

EMPIRE DU BRÉSIL.

386,000 lieues carrées, 5,000,000 d'habitants, dont la moitié sont nègres et esclaves ; la religion catholique y est seule permise.

Cette riche contrée est une colonie du Portugal, qui l'a possédée depuis le xvie siècle jusqu'en

1822, époque à laquelle don Pédro, fils du roi de Portugal, en fut proclamé empereur ; il abdiqua forcément en faveur de son fils, en 1830. Il devint régent de Portugal, au nom de sa fille, en 1834.

Bornes. — Au N. la Colombie, la Guyane et l'Atlantique ; à l'E. et au S. l'Atlantique ; à l'O. le Paraguay, Bolivia et le Pérou.

Capitale : Rio-Janério (100,000 habitants), au fond d'une baie, possède un des ports les plus vastes et les plus sûrs du monde. Villes remarquables : Saint-Paul, Bahia, Sergipe, Fernambouc, Rio-Grande, Grand-Para, Villa-Bella, Villa-Boâ.

Aspect. — Plus de mille lieues de côtes, ports magnifiques, montagnes dans l'est, parallèles à la mer ; immenses plaines dans l'O., le S. et le N. Les pays éloignés des côtes sont généralement peu connus et occupés par des tribus sauvages.

Productions. — Les productions et les animaux d'Europe et des deux Amériques ; bois odorants, de construction et de teinture ; très riche en or surtout, diamants, topazes ; riz, coton, tabac, sucre, café, cacao, indigo, ipécacuanha. D'innombrables troupeaux de bœufs et de chevaux errent en liberté dans les pâturages. Les animaux indigènes sont : les singes, les crocodiles, les serpents à sonnettes ; les autruches, les perroquets, etc.

PATAGONIE.

66,000 lieues carrées, 200,000 habitants qui sont restés jusqu'ici indépendants.

Bornes. — Au N. la Plata et le Chili, à l'E. l'Atlantique, au S. le détroit de Magellan, à l'O. le Grand-Océan.

Il n'y a pas de villes.

Aspect. — La Patagonie, qui occupe toute la pointe méridionale de l'Amérique, est presque déserte et peu connue ; les côtes orientales sont nues, arides, sablonenses et privées d'eau douce ; la partie occidentale est couverte de montagnes.

Les Patagons sont d'une haute taille, et comme ils ont le buste très long par rapport aux cuisses et aux jambes, ils paraissent, lorsqu'ils sont à cheval, plus grands que les autres hommes. On les dit paisibles et hospitaliers.

ANTILLES.

Colonies européennes entre les deux tropiques ; surface peu évaluable.

Population : 1,400,000 habitants.

On donne le nom d'Antilles à toutes les îles qui se trouvent entre l'Amérique septentrionale et l'Amérique méridionale ; on les désigne aussi sous le nom d'Indes occidentales.

Les Antilles furent les premières terres découvertes en Amérique, par Christophe Colomb. Ce navigateur aborda le 12 octobre 1492 à San-Salvador. Il découvrit dans le même voyage l'île

de Cuba et l'île d'Haïti, ou Saint-Domingue, où il fonda une colonie. Les Espagnols s'établirent d'abord aux Grandes-Antilles et aux Lucayes ; ils y trouvèrent des peuplades d'un caractère doux et timide, dont ils exterminèrent la race en moins de dix ans.

Les petites Antilles étaient habitées par les Caraïbes, hommes robustes et belliqueux, qui résistèrent aux Espagnols ; ils ont disparu : on ne trouve plus dans ces îles que des Européens, des créoles, des mulâtres et des nègres.

Les grandes Antilles ou îles sous le Vent, Cuba et Porto-Rico, appartiennent aux Espagnols ; la Jamaïque aux Anglais ; les petites Antilles ou îles du Vent, appartiennent aux Anglais, Français, Hollandais, Danois, Suédois. La Trinité, Tabago, etc. appartiennent aux Anglais.

Aspect. — Les Antilles sont généralement montagneuses et couvertes de nombreux volcans.

Climat. — On n'y connaît que deux saisons bien marquées, la saison sèche et la saison des pluies. Des ouragans affreux ravagent ces îles ; la violence du vent est telle qu'il renverse les habitations. Les tremblements de terre y sont fréquents ; la chaleur et l'humidité rendent le séjour des Antilles très dangereux, surtout pour les Européens ; la fièvre jaune y règne souvent. Malgré tous ces désavantages, la richesse du sol y attire depuis longtemps les colonies européennes.

L'indigo, le coton, le sucre, le tabac, les épices, toutes les productions de l'Afrique et de l'Asie, les fruits les plus savoureux, les bois les plus précieux, y croissent en abondance.

RÉPUBLIQUE DE HAÏTI.

Formée de l'île de ce nom, une des Antilles découverte par Colomb.

Cette île était autrefois partagée entre les Français, qui occupaient la partie occidentale, et les Espagnols, qui possédaient la partie orientale ; mais en 1793, les nègres et les mulâtres se révoltèrent et massacrèrent les blancs dans la partie française.

En 1821, ils sont devenus maîtres de toute l'île et forment une république gouvernée par un président.

Aspect. — Côtes magnifiques, ports excellents, plaines fertiles, monts à peine accessibles.

Productions. — Abonde en productions des tropiques, sucre, café, coton, indigo, cacao ; mines d'or non exploitées.

ILES PRÈS DE L'AMÉRIQUE MÉRIDIONALE.

La Terre de Feu, séparée de la Patagonie par le détroit de Magellan, composée d'un assez grand nombre d'îles volcaniques, presque toujours glacées et séparées entre elles par de nombreux détroits.

Les îles Malouines, ou les Français, les Anglais et les Espagnols ont eu successivement des établissements aujourd'hui abandonnés.

La nouvelle Georgie et l'archipel Sandwich, couvertes de glaces éternelles, inhabitées et inhabitables.

OCÉANIE

OU CINQUIÈME PARTIE DU MONDE.

Composée des îles qui sont dispersées dans le Grand-Océan, et surtout au S. de l'Asie.

Plus d'un quatorzième des terres du globe, un quarantième de sa population, 700,000 lieues carrées, 20,000,000 d'habitants, tous de couleur, sous deux races principales, professent diverses nuances d'idolâtrie. La plupart ne se nourrissent que de leur pêche et quelques-uns du fruit de l'arbre à pain. Cependant la civilisation y pénètre partout avec la race Européenne.

L'Océanie se divise en trois parties principales, qui sont : la Notasie, l'Australie et la Polynésie.

NOTASIE.

La Notasie comprend quatre groupes principaux, qui sont : les îles de la Sonde, les îles Célèbes, les Moluques et les Philippines.

Les principales îles de la Sonde, sont : 1° Java : ville principale, Batavia ; 2° Sumatra : ville principale, Achem ; 3° Bornéo ; 4° Bali ; 5° Sumbava ; 6° Flores ; 7° Sumba ; 8° Timor.

Productions. — Les îles de la Sonde ont de l'or, du fer, beaucoup d'étain, du camphre ; elles sont volcaniques.

Les principales îles des Moluques, sont : 1° Gilolo ; 2° Céram ; 3° Bouro ; 4° Amboine ; elles produisent des épices, le giroflier, le muscadier, etc.

Les principales des Philippines sont : 1° Luçon. Capitale, Manille ; 2° Mindanao et l'île de Palawam. Elle sont volcaniques et sujettes à des tremblements de terre et à des ouragans furieux.

AUSTRALIE.

L'Australie comprend la Nouvelle-Hollande, la Terre de Diémen, la Nouvelle-Guinée, la Nouvelle-Irlande, la Nouvelle-Bretagne, les îles Salomon, les Nouvelles-Hébrides, la Nouvelle-Calédoine et la Nouvelle-Zélande.

POLYNÉSIE.

La Polynésie se divise en septentrionale et méridionale.

La Polynésie septentrionale comprend : les îles Bonin et Grampus, les Mariannes, les Pélew, les Carolines, les Mulgraves, les Sanwich et l'archipel d'Anson.

La Polynésie méridionale comprend : les îles Kings-Mill, celle des Navigateurs, les îles des Amis, de la Société, les Marquises, l'archipel de la mer Mauvaise et l'archipel Dangereux.

Notions sur les Habitants de l'Océanie.

L'Océanie est occupée par deux races principales ; la race basanée ou malaie, répandue dans la Notasie, la Polynésie et la Nouvelle Zélande, et la race des nègres océaniens qui occupent l'Australie.

Les peuples de la première de ces races ont formé quelques états assez considérables dans les

îles de la Notasie, et sont presque tous mahométans. La plupart des autres peuples de la race
basanée ont un caractère plus doux que celui
des nègres océaniens ; ils se livrent à l'agriculture,
fabriquent des vêtements, des ustensiles, ont
des gouvernements et accueillent les étrangers
avec hospitalité ; mais quelques peuplades sont
encore tout-à-fait barbares et dévorent leurs pri-
sonniers.

Les Nègres océaniens paraissent former la race
d'hommes la plus stupide ; éloignés de toute
industrie, ils végètent dans une extrême mi-
sère. Il en est que leur intelligence bornée, la
forme de leur tête et leur agilité à grimper sur les
arbres, a fait comparer à des singes. Les Nègres
vivent pour la plupart divisés par petites tribus
ou familles ; ils n'ont presque pas d'autres nourriture que le produit de la chasse et de la pêche ;
ils ne savent point cultiver la terre ; ils demeurent
dans des cabanes grossièrement construites, ou
sous des huttes que les femmes sont chargées de
transporter. Plusieurs de ces peuplades sont an-
thropophages.

Les Arabes répandirent la religion mahomé-
tane dans la Notasie, pendant le xiie siècle et y
fondèrent plusieurs établissements, qui leur furent enlevés par les Portugais dans le xvie siècle.
Depuis, les Hollandais, les Espagnols et les Anglais y ont eu diverses colonies.

L'établissement le plus remarquable est celui
que les Anglais ont formé dans la Nouvelle-Hollande, sous le nom de Nouvelle-Galles du sud.
et dont la capitale est Sidney. En 1784, l'Angle-

terre fit de Botany-Bay le dépôt de ses criminels et de ses malfaiteurs, et une sage discipline les corrige ordinairement de leurs vices. Ils deviennent pour la plupart des cultivateurs honnêtes et laborieux.

Description générale.

Les îles de l'Océanie jouissent en général d'un climat chaud, tempéré par le voisinage de la mer; les côtes sont souvent dangereuses pour les navigateurs, à cause des nombreux récifs qui les entourent. Le mont Ophir, dans l'île de Sumatra, sous l'équateur, est élevé de 3950 mètres; c'est la plus haute montagne connue dans cette partie du monde. On trouve de nombreux volcans dans toute l'Océanie.

L'intérieur de la Nouvelle-Hollande est encore inconnu. Avant l'arrivée des Européens, cette grande île, à peu près aussi vaste que l'Europe, ne produisait que peu de végétaux propres à la nourriture de l'homme.

Les autres îles offrent en général une nourriture abondante; le cocotier, l'arbre à pain, la patate, croissent naturellement dans presque toute la Polynésie. La Notasie et surtout les Moluques ont long-temps fourni au commerce presque toutes les épices. L'île d'Amboine, dans les Moluques, produisait tous les clous de gérofle; celle de Banda, donnait les noix muscades.

On trouve dans la Notasie presque tous les animaux du sud de l'Asie, tels que le tigre, l'éléphant, le rhinocéros, le buffle, de grands singes et d'énormes serpents.

Les plantes et les animaux de la Nouvelle-Hollande diffèrent de presque tous ceux des autres parties du monde ; on remarque parmi ces derniers les kanguroos, les ornithorynques, etc.

On trouve en grand nombre dans la Nouvelle-Guinée, les asoars, les lyncs, les cygnes noirs et les oiseaux de paradis, etc.

La Polynésie n'avait qu'un très petit nombre de quadrupèdes domestiques ; les navigateurs européens y ont transporté, ainsi que dans le reste de l'Océanie, des bœufs, des chèvres, des brebis : ces animaux se sont déjà multipliés dans la Nouvelle-Hollande.

FIN.

BONIEZ-LAMBERT, IMPRIMEUR-LIBRAIRE.